中国交通运输协会邮轮游艇分会
上海海事大学亚洲邮轮学院
中国港口协会邮轮游艇码头分会

/ 编

2018 CHINA CRUISE INDUSTRY DEVELOPMENT REPORT

2018 中国邮轮发展报告

旅游教育出版社
·北京·

责任编辑：刘彦会

图书在版编目（CIP）数据

2018中国邮轮发展报告 / 中国交通运输协会邮轮游艇分会，上海海事大学亚洲邮轮学院，中国港口协会邮轮游艇码头分会编. -- 北京 : 旅游教育出版社，2019.3

ISBN 978-7-5637-3913-4

Ⅰ. ①2… Ⅱ. ①中… ②上… ③中… Ⅲ. ①旅游船－旅游业发展－研究报告－中国－2018 Ⅳ. ①F592.3

中国版本图书馆CIP数据核字(2019)第048055号

2018 中国邮轮发展报告

中国交通运输协会邮轮游艇分会
上海海事大学亚洲邮轮学院　编
中国港口协会邮轮游艇码头分会

出版单位	旅游教育出版社
地　　址	北京市朝阳区定福庄南里 1 号
邮　　编	100024
发行电话	（010）65778403　65728372　65767462（传真）
本社网址	www.tepcb.com
E - mail	tepfx@163.com
排版单位	北京旅教文化传播有限公司
印刷单位	天津雅泽印刷有限公司
经销单位	新华书店
开　　本	787 毫米 ×1092 毫米　1/16
印　　张	10.5
拉　　页	2
字　　数	164 千字
版　　次	2019 年 3 月第 1 版
印　　次	2019 年 3 月第 1 次印刷
定　　价	198.00 元

（图书如有装订差错请与发行部联系）

《2018 中国邮轮发展报告》编委会

上海海事大学亚洲邮轮学院、MBA中心副主任	王守云
上海国际邮轮旅游服务中心有限公司总监	陈　丞
中国交通运输协会邮轮游艇分会秘书处副主任	冯　博
中国交通运输协会邮轮游艇分会外联部主任	王　昕
中国交通运输协会邮轮游艇分会研究部研究助理	吴思颖
中国交通运输协会邮轮游艇分会研究部研究助理	杨　路
中国港口协会邮轮游艇码头分会秘书处	冯宪超
中国港口协会邮轮游艇码头分会秘书处	肖罗雅
中国港口协会邮轮游艇码头分会秘书处	娄　铭
上海国际航运研究中心邮轮游艇研究所研究助理	方　婷
上海国际航运研究中心邮轮游艇研究所研究助理	杨文涛
上海国际航运研究中心邮轮游艇研究所研究助理	姬佳慧
上海海事大学亚洲邮轮学院博士	甘胜军
上海海事大学亚洲邮轮学院硕士研究生	毛玲苏
上海海事大学亚洲邮轮学院硕士研究生	朱园园

关于中国邮轮调整期的几点思考

这是上海海事大学亚洲邮轮学院、中国港口协会邮轮游艇码头分会和中国交通运输协会邮轮游艇分会 CCYIA 第 10 次联合出品《中国邮轮发展报告》。

2017 年，中国邮轮市场发生了变化。旅客增长率只有 8%，航次只增长 17%。2018 年 1 月，CCYIA 就提出了中国邮轮进入调整期。最近有一些邮轮公司宣布布局调整，撤出中国市场。两篇媒体的报道在社会上影响广泛，一篇是说中国邮轮进入冰河期，另一篇说中国邮轮潮退之后谁在裸泳。我认为还没到冰河期，没到裸泳这么严重的程度。

据中国港口协会邮轮游艇码头分会和 CCYIA 联合统计，2018 年 1—8 月全国 11 个邮轮港口接待出入境邮轮旅客 3 141 545 人次，增长了 5.5%，接待邮轮 663 个航次，下降了 10%；母港旅客是 3 312 710 人次，增长了 7.2%，接待邮轮 619 个航次，下降了 9%。航次减少了，人数却增加了，说明大船越来越多了。入境游下降得比较厉害，2018 年 1—8 月只有 98 335 人次，下降了 33%，只有 44 个航次，下降了 32%。

母港出境游有 5.5% 的增长率，这个数字与 2017 年相比有所下滑，我个人觉得下滑还会持续一段时间。面对中国邮轮的调整阶段，我们同业一直在思考怎么应对，怎么度过，怎么能够让中国邮轮有一个持续健康的发展。

一个行业有规模更有质量，应该是我们共同追求的目标，而不是单纯追求增长率。

我有以下五点思考，和邮轮同人共同探讨。

第一点，我们是不是还要大力引导旅客对“邮轮是目的地”这个理念的认识？我这几年一而再再而三地提：需要不断推广传播“邮轮是目的地”，是因为我觉得这是邮轮许多问题爆发的基础性原因。如果我们的旅客没有邮轮是目的地的理念，他就不会在邮轮上消费，他就把它当交通工具。事实上这样的情形已经持续了十几年了，不管邮轮公司把多大的船开到中国，把多豪华的船开到中国，绝大部分的旅客依然认为邮轮就是交通工具，消费在日本、韩国，你怎么激发他在邮轮上的二次消费呢？我们需要从基础做起，给旅客一个消费理念的引导，一个对邮轮产品全面认知的引导。只有旅客认识到邮轮是一个休闲度假产品，是个酒店，是个目的地，在邮轮上是需要有二次消费的，是可以有二次消费的时候，他才可能会考虑二次消费；更重要的是，促使旅客对岸上项目不会过度依赖，对天气原因的跳港不会过度维权。邮轮是目的地的传播，前面十几年我们做得远远不够，建议我们的业界同人、邮轮公司、旅行社、媒体，一定要不懈对旅客进行引导。这个观念要靠很多方式、很多渠道来植入邮轮旅客的头脑中。

第二点，邮轮的岸上游能不能回归？此处回归包含两方面的意思，第一个是谁来主导岸上游？能不能回归邮轮公司主导？我记得邮轮进入中国市场的时候，邮轮公司设计五六条岸上游线路，旅客在船上单独购买岸上游票。截至目前，在欧洲市场、美国市场，在其他区域的市场也还是这个运营格局。但是在中国后来改变了，岸上游变成了旅行社主导。这种主导的变化当时也是有特殊原因的。现在看，这种变化直接导致了邮轮旅游品质的下降，导致了邮轮运营生态的破坏。组团旅行社、地接旅行社也没办法，有很多管理费、罚款要交，只能拼命降低岸上游的费用，把旅客拉到了免税店，甚至枪手店，靠人头费、回扣、分成等五花八门的手段维持，这种行为短期内损害的是旅客利益，长远损失的是整个邮轮行业的声誉，损失的是邮轮行业持续发展的动力。第二个回归，是能不能从岸上购回归岸上游？这几年，邮轮岸上游基本变成单一岸上购了，这是不正常的。我多次在日本、韩国看到，大量旅客在免税店门口长时间坐等大巴车拉回邮轮、百无聊赖的情形。邮轮旅游是否更应该引导、组织旅客在岸上多了解异国他乡的文化产品、历史产品、民俗产品，而不是过度引导甚至误导旅客去购物？是不是到了该反思、该重新调整的时候？

第三点，有没有必要对邮轮进行分级？现在，中国市场上不管大轮小轮，不管新轮旧轮，不管海轮河轮，介绍的时候都叫豪华邮轮，而且因为价格低迷，很多处于观光游阶段、对邮轮度假毫无认知的旅客提前消费了邮轮。建议同行梳理一下，每次霸船事件，每次过度维权，都是什么主要群体？未来有没有必要对邮轮进行分级？六星、五星、四星、三星、二星，五星级邮轮就得有五星的价格，四星级邮轮就是四星的价格。对邮轮毫无了解或了解不多的入门级旅客，邮轮分级有助于比较简单的认知。你要坐五星级邮轮，就得付五星的价格，而不是你只付出两星的价格，而要享受五星级邮轮的客房、餐厅、娱乐、设施、服务，这种是不平等的，也是不公平的，更是不持久的。有没有可能分级，分级之后定价，引导分层次的消费？

第四点，有没有可能开辟更多的中长航线？十几年来，中国邮轮旅游的主力是 5~7 天的东北亚航线，还有少数的东南亚航线。很多朋友问我，现在除了去日本、韩国，还有哪些地方可以去？这个问题很多同业者也在问我。其实东北亚、东南亚、海上丝绸之路沿线还有许多值得开发的线路，可不可以设计一些中长航线？比如 10 天的、14 天的，比如邮轮加飞机的开口航线，给旅客特别是中老年旅客提供更多元化的产品，而不是都在 7 天的“独木桥上”。

第五点，中资邮轮有没有机会？中资邮轮体量小，邮轮又旧又小，人才不足，经验不足，运营体系尚未建立，在夹缝中艰难生存。海航邮轮退出了，天海邮轮退出了，中资的邮轮公司是不是就没机会了？在天海邮轮告别晚会上我提出请资本给中资邮轮多一点时间。中国市场很大，2016 年开始已经是全球第二大邮轮客源市场，调整期之后更将长期是全球第二大客源市场，这一点没有什么质疑的。在这个巨大市场里，分享蛋糕的，不仅是国际邮轮公司，应该有更多的中资邮轮公司。学费是要交的，不交学费永远不会成长。邮轮调整期可能也是中资邮轮进入市场的起步期。

这几点我先提出问题，答案来不及深思熟虑，抛砖引玉，欢迎邮轮业界同行指正。

中国交通运输协会邮轮游艇分会

常务副会长兼秘书长

2019 年 1 月 16 日

中国母港邮轮的第一个本命年

中国母港邮轮自2006年开始，至今正好走过12个年头，按照中国传统习俗，12年为一个循环。2018年，中国母港邮轮进入了她的第一个本命年。

本命年是一个周期的结束，也宣告新的周期开始。本命年的中国邮轮产业进入了调整期。2017年中国邮轮港口全年接待邮轮艘次及接待游客量增长速度首次放缓，2018年的预估量亦持续走低，本命年带来的是磨炼，是成长的反思，是走向成熟的必过之坎。我们希望能通过《2018年中国邮轮发展报告》呈现产业最新发展情况，总结经验，展望未来，期待中国邮轮产业历经第一个本命年后，在新的周期中平稳迈向成年，持续健康发展。

总览2017—2018年的中国邮轮产业，在供给方面，各大邮轮公司纷纷调整在华部署战略，虽然派驻邮轮数量缩减，但随着邮轮船舶大型化趋势日益明显，运力下降并不明显。同时，随着新船运力取代旧船运力，邮轮品质不断提升，在邮轮航线及岸上游设计上也新增更多创新点。

在需求方面，中国邮轮客源规模依然位居全球第二，然而需求拉动已陷入瓶颈，增长已然放缓。目前中国邮轮市场的初始客源很大程度上是由低价刺激带来，既有需求的再次激发能力很差，邮轮游客的复购率仅为8%~10%，追寻高品质邮轮体验的中国游客更愿意选择长线邮轮。此外，中国邮轮市场以境外游客为主的邮轮旅游需求较少，且呈现下降趋势，达到2006年以来的最低值，供给侧改革与销售渠道的打开已刻不容缓。

在港口方面，随着华南地区邮轮港口建设日渐成熟，其得天独厚的地理优势及气候条件带来更多创新航线和更舒适的邮轮体验，客源潜力不断释放，华南市场热度持续升温，华南港口业绩增长显著。

在产业政策方面，从国家层面到地方层面，均不断加大对邮轮产业扶持与开放力度，结合邮轮旅游发展实验区建设，全方位促进邮轮产业发展。其中，船票试点制度、《交通运输部贯彻落实〈中共中央国务院关于支持海南全面深化改革开放的指导意见〉实施方案》以及交通运输部《关于促进我国邮轮经济发展的若干意见》的发布具有重要意义。船票试点制度的建立进一步确立了船票的法律地位，规范了邮轮旅游市场多方关系，为邮轮市场持续健康发展打下了良好的基础。海南深化改革实施方案带来了诸多创新邮轮产业政策，成为促进中国邮轮产业发展的新动力。《关于促进我国邮轮经济发展的若干意见》更是在战略上明确了九大方面的任务，为产业升级提供了方向指引。

此外，随着国际河轮市场的迅猛增长，长江河轮市场也逐渐引起人们关注，有望成为国内邮轮旅游的新热点。发展长江河轮可直接带动沿岸各城市互动合作，联合推动著名旅游目的地的形成，有助长江经济带建设。河轮产业不仅具备明显的低碳特征，符合生态文明建设总体要求，而且集食、住、行、游、购、娱于一体，覆盖社会消费各个方面，是拉动内需的先导产业。此外，河轮旅游产业集聚效应较强，河轮旅游将成为人口流动和区域交流的纽带，实现河轮、游客、景区、旅行社等产业链互动和城市间的板块互动。近年来，长江游轮不断尝试冲出三峡，从长三角地区寻求突破，以积极的姿态迎接水上旅游新的发展机遇。

2017 年国产邮轮建造的启动是中国邮轮产业发展的重要里程碑。邮轮建造是造船产业皇冠上的明珠，而此前该产业均被垄断在欧洲造船企业的手中，中国在此间市场处于空白。我国一直尝试去克服难点，学习邮轮建造的核心技术，从而构建完整的邮轮产业体系。攻关豪华邮轮的自主设计建造，也是中国造船业从传统制造业转型为高端装备制造业的内在需求。在全球新造邮轮订单激增、欧洲船厂产能饱和的机遇下，中船重工、招商局工业集团等企业勇攀高峰，乘势而为，承接豪华邮轮建造订单，标志着国产邮轮建造正式登上行业舞台。

中国邮轮产业潜力巨大，未来可期，相信在行业各方的努力下，一定能使中国邮轮产业健康成长，不断谱写出辉煌篇章。

总经理

上海港国际客运中心开发有限公司

2019 年 1 月 16 日

深化产教融合，完善邮轮人才培养机制

我国邮轮旅游市场自 2006 年起步以来，邮轮旅客运输量年均增长 40% 以上，2017 年达到 243 万人次，成为全球第二大邮轮客源输出国，拉动了消费及相关产业的发展，成为经济增长新亮点。但是，目前中国邮轮市场蛋糕主要被外资邮轮公司分食，国际邮轮市场也几乎被外国大型邮轮公司垄断，国家并未分享到中国邮轮产业迅速增长的应有红利。

随着市场的迅猛发展，我国政府开始从国家层面上进行邮轮产业发展的总体规划和整体制度安排，大力发展邮轮经济。而伴随着中国邮轮产业在国内的全面铺开，邮轮人才的匮乏问题日益凸显。虽然近几年各大院校积极进行专业转型，也培养了一批市场亟须的各层级邮轮人才，但我国邮轮人才的教育供给和产业需求在数量、结构、质量、水平上还不能完全适应市场的发展，特别是随着新增劳动年龄人口增速下降，人才供需的结构性矛盾凸显。深化产教融合，是推进人才和人力资源供给侧结构性改革一项非常迫切的任务。

交通运输部近日通报《关于促进我国邮轮经济发展的若干意见》相关内容中也提及鼓励高校、职业院校、邮轮公司、培训机构、旅游企业等机构共同培养相关专业人才。从长远发展的角度来看，培养自有邮轮专业人才，是解决人才匮乏问题的主要途径，也是我国参与国际邮轮市场竞争的迫切需求。而在当下，以国外先进的管理经验为基础，以邮轮公司运营本身为教学载体，通过相关企业、院校通力合作，则可以迎合迅速成长的中国邮轮业，为中国邮轮业更多、更快地培养适合邮轮产业发展所需的各层次人才。

邮轮产业的发展离不开各层次邮轮人才的培养，目前中国邮轮产业的发展，更迫切需要一批深入了解邮轮产业经营管理要求和我国邮轮市场需求及其发展规律，并能够全方位提升产业经营能力和公司管理水平的中高级邮轮业经营管理人才。

亚洲邮轮学院自 2012 年成立以来，一直以培养邮轮产业中高级经营管理人才为主要方向，开设邮轮方向本科和研究生专业、邮轮 MBA 项目及短期邮轮专题定制研修课程。并与国内外涉邮轮院校、邮轮公司、邮轮旅行社、邮轮港口、邮轮修造与设计单位等进行良性互动，将他们的先进经验通过课堂、沙龙、论坛等各种形式传授给学员。同时，学院积极整合上海海事大学内部资源优势，参与邮轮产业链各环节的教学与研究，并提供专业咨询服务，先后完成国内外重要邮轮研究课题百余项，多次参与国家发改委、工信部、交通运输部、国家旅游局等部门的邮轮产业政策、标准制定，是全国沿海地区政府、企业以及部分亚洲国家发展邮轮产业的重要智力支持单位。

截至目前，《中国邮轮发展报告》已连续发布了9年，被称为中国邮轮产业的白皮书。在这9年里，上海海事大学的老师通过亚洲邮轮学院这个窗口和平台一直积极参与白皮书的编写工作，中间伴随着亚洲邮轮学院和学院理事会的成立，也伴随着中国邮轮产业的蓬勃发展。

将来，邮轮产业将在中国大地上大放异彩，亚洲邮轮学院也将持续加强内涵建设，致力于中高端人才的培养，积极主动对接涉邮轮企业，融合产业和教育资源，与涉邮轮院校和企事业单位共同成长，将学院建设成为一个资源整合的平台和邮轮产业发展的智库单位，助力中国邮轮产业发展。

上海海事大学亚洲邮轮学院院长

2019年1月15日

目　录
CONTENTS

第一章 出境邮轮市场

一、中国邮轮旅游发展概况

（一）中国出入境旅游发展现状

2018 年 2 月，国家旅游局数据中心发布《2017 年全年旅游市场及综合贡献数据报告》指出："2017 年中国全年实现旅游总收入 5.40 万亿元，同比增长 15.1%；其中入境旅游人数 13 948 万人次，比上年同期增长 0.8%；中国公民出境旅游人数 13 051 万人次，比上年同期增长 7.0%。初步测算，全年全国旅游业对 GDP 的综合贡献为 9.13 万亿元，占 GDP 总量的 11.04%。"

2017 年旅游发展的国内外环境持续优化，国内旅游市场高速增长，出入境市场平稳发展；2018 年是贯彻十九大精神的重要一年，中国旅游经济发展预期乐观，入境旅游将继续保持平稳增长、理性发展的主基调，为邮轮旅游提供了良好的发展环境。

（二）中国邮轮旅游发展现状

中国邮轮产业经过 2006—2017 年的高速发展，逐步由高速增长向平稳发展转变。十余年间，长期在华运营的邮轮艘次从 1 艘增加至 18 艘，市场投放的邮轮运力从 900 客位增加至 4 万客位；国内处于运营中的国际邮轮港从零发展到 8 个，还有 6~10 个正处于建设或规划中；乘坐邮轮出境游的中国旅客从 2006 年的 2 万人次增加到 2017 年的近 248 万人次，中国邮轮客源规模跃升为全球第二，展现了中国市场巨大的发展实力。

据中国交通运输协会邮轮游艇分会（CCYIA）统计，2017 年中国邮轮港口全年接待邮轮 1103 艘次（见图 1–1），同比增 1 长 9.21%；全年接待游客 495.495 万人次（见图 1–2），同比增长 8.49%，其发展速度相比之前年均 40%~50% 的增长速度首次出现放缓现象，上海邮轮旅游市场份额有所下降，华南邮轮旅游市场渐次崛起，以广州、深圳为代表的华南市场份额增幅较大，未来邮轮旅游前景巨大。

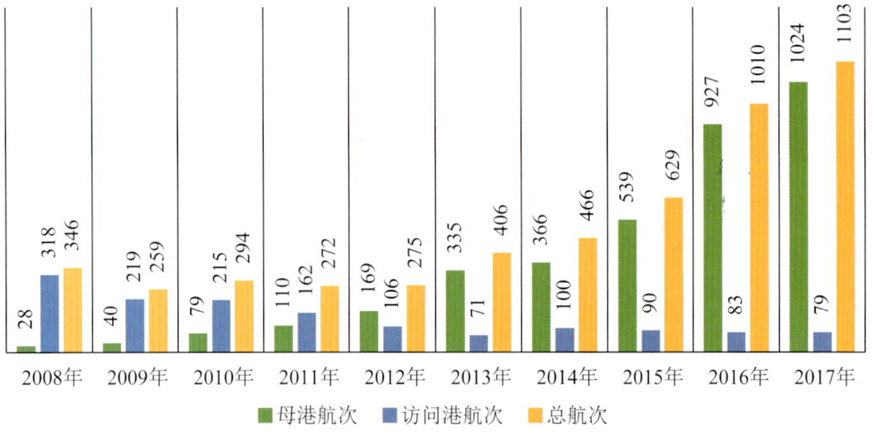

图 1-1　2008—2017 年我国邮轮港接待航次数据统计

资料来源：CCYIA，亚洲邮轮学院整理。

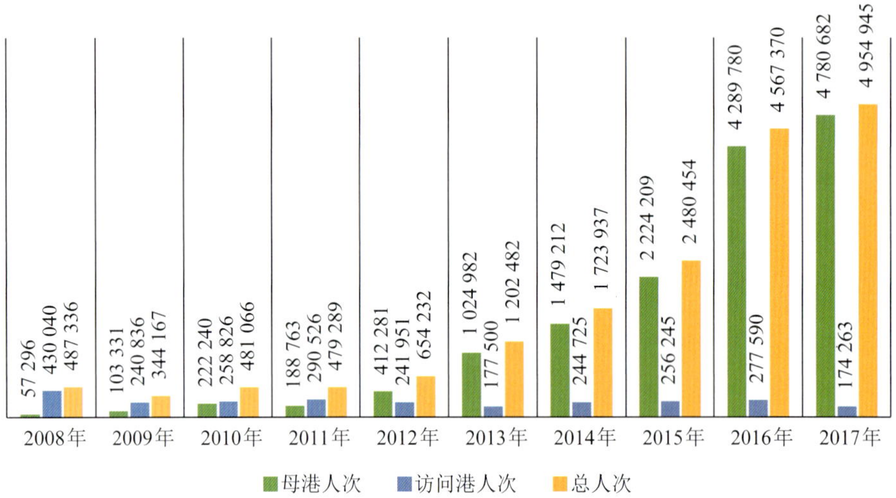

图 1-2　2008—2017 年我国邮轮港接待邮轮游客量数据统计

资料来源：CCYIA，亚洲邮轮学院整理。

二、中国邮轮市场供给分析

（一）邮轮公司

目前在华运营的邮轮公司共 10 家，其中包括歌诗达邮轮、皇家加勒比游轮、公主邮轮、诺唯真邮轮、地中海邮轮、丽星邮轮、星梦邮轮等国际邮轮公司，渤海轮渡、钻石邮轮等中资邮轮公司，以及合资公司天海邮轮。2017 年，10 家邮轮公司共投放 18 艘邮轮在我国内地进行始发港运营，其中为中国游客量身定制的“盛世公主号”“诺唯真喜悦号”“世界梦号”3艘豪华邮轮以上海、广州为始发港进行运营；2018年受多方因素影响，在华运营邮轮缩减至17艘，其中仅有地中海邮轮投放了新运力“地中海辉煌号”。

1. 在华运营主要邮轮公司

（1）歌诗达邮轮。

歌诗达邮轮拥有15艘意大利籍在役邮轮，是欧洲最大的邮轮船队，也是最早进入中国市场的邮轮品牌。十余年来，为超过200万中国游客提供纯正的“海上意大利”邮轮假期；目前，歌诗达邮轮旗下大西洋号、赛琳娜号和幸运号3艘邮轮服务于中国市场，将继续致力于丰富海上邮轮产品，满足游客日益增长的消费需求。

伴随中国邮轮市场的快速发展，歌诗达邮轮为中国市场量身定购的两艘Vista级的大型邮轮将分别于2019年和2020年进入中国，为更多国内游客带来新“意”代的游客体验。

2017—2018年歌诗达纪事：

- 2017年5月26日，基于嘉年华集团与中国电商巨头阿里巴巴的关联公司——蚂蚁金融服务集团签署协议，歌诗达邮轮在行业内率先引入支付宝作为全新的船上支付方式。
- 2017年7月6日，歌诗达邮轮大西洋号从深圳出发开启深圳母港航线。
- 2017年8月30日，歌诗达邮轮于歌诗达亚洲舰队上启用微信小程序，在行业内率先为游。
- 2017年10月，歌诗达邮轮幸运号开启厦门母港航线。

（2）皇家加勒比游轮。

皇家加勒比国际游轮不断寻觅着超越地平线的美丽，利用前人无法想象的元素，通过对游轮体验的变革提升旅客的游轮旅行感受。自2008年6月，皇家加勒比国际游轮将旗下的“海洋航行者号”引入中国后，相继投放了“海洋神话号”“海洋航行者号”“海洋水手号”“海洋量子号”“海洋赞礼号”等邮轮，开辟中国市场的母港航线。

2017—2018年皇家加勒比纪事：

- 2017年11月，皇家加勒比游轮携手吉尼斯世界纪录于“海洋量子号”游轮上见证三项世界纪录诞生。
- 2017年11月，皇家加勒比游轮国际游轮荣获2017“国家旅业奖游轮行业价值奖”“2017中国旅业邮轮贡献奖”和“国家旅业奖游轮榜样领袖”三项殊荣。
- 2018年3月，皇家加勒比游轮在第十一届TTG中国旅游大奖颁奖典礼上，荣膺

“最佳邮轮运营商”，连续九年蝉联 TTG 中国旅游大奖“最佳邮轮运营商”殊荣。

- 2018 年 4 月，皇家加勒比游轮宣布，著名演员黄晓明与杨颖（Angelababy）夫妇共同成为其品牌代言人。
- 2018 年 4 月，皇家加勒比游轮宣布“海洋赞礼号”于 2018 年 5 月至 6 月载誉而归，开启以香港为母港的全新航季，让香港游轮爱好者尽享超凡之旅。
- 2018 年 5 月，皇家加勒比游轮携手百度及途鸽打造智能化游轮体验，开启游轮智能化合作项目，率先在皇家加勒比旗下游轮引进融合百度人工智能和途鸽全球云通信技术的百度共享 Wi-Fi 翻译机。
- 2018 年 6 月，皇家加勒比游轮同支付宝深度合作再升级，宣布携手阿里巴巴关联公司蚂蚁金融服务集团旗下支付宝推出系列联合推广活动。

（3）公主邮轮。

作为全球领先的国际高端邮轮品牌，公主邮轮以别出心裁的船舶设计、丰富多样的船上餐饮、娱乐及休闲体验和非同凡响的客户服务而誉满全球；现拥有 17 艘现代化邮轮，每年搭载约 200 万旅客畅游世界各地的热门航线目的地。2014 年 5 月，公主邮轮将精心设计的全新高端邮轮体验引入发展迅速的中国度假市场，蓝宝石公主号开启以上海为母港的航线，为品位日渐提升的中国旅客提供优质和舒适的邮轮体验；此后，黄金公主号、盛世公主号邮轮相继投放中国市场运营。

2. 在华运营邮轮及航线

2017—2018 年在华运营邮轮及航线如表 1-1 所示。

表 1-1　在华运营邮轮航线一览表（2018）

品牌	邮轮	始发港	主营航线
歌诗达邮轮	大西洋号	深圳、天津、厦门	深圳—日本—深圳、深圳—菲律宾—深圳、深圳—越南—深圳、广州—越南—广州、厦门—日本—厦门
	赛琳娜号	上海	上海—日本—上海
	幸运号	天津、青岛、大连、上海、厦门	天津—日本—天津、天津—日本—青岛、青岛—日本—青岛、上海—日本—上海、厦门—日本—厦门、大连—日本—大连
	新浪漫号	厦门	厦门—日本—厦门
皇家加勒比游轮	海洋量子号	上海	上海—日本—上海
	海洋赞礼号	天津	天津—日本—天津
	海洋航行者号	深圳、香港	深圳/香港—越南—深圳/香港、香港—越南—新加坡、深圳/香港—菲律宾—深圳/香港、深圳/香港—日本—菲律宾—深圳/香港

续表

品牌	邮轮	始发港	主营航线
地中海邮轮	抒情号	天津、深圳	天津—日本—天津、深圳—越南 / 菲律宾—深圳
	辉煌号	上海	上海—日本—天津
公主邮轮	盛世公主号	上海	上海—日本—上海
星梦邮轮	世界梦号	广州、深圳、香港	广州—海上遨游—广州、香港—广州—香港、广州—日本—广州、广州—越南—广州、广州—菲律宾—广州、深圳—越南—深圳
丽星邮轮	处女星号	上海、天津、大连	上海—日本—上海、天津—日本—天津、大连—日本—大连
	双子星	深圳、厦门	深圳—越南 / 菲律宾—深圳、厦门—日本—厦门
诺唯真邮轮	喜悦号	上海、天津	大连—日本—大连
天海邮轮	新世纪号	上海	上海—日本—上海
渤海轮渡	中华泰山号	大连	大连—日本—大连
钻石国际	辉煌号	上海	上海—日本—上海

资料来源：CCYIA，亚洲邮轮学院整理，2018。

（二）邮轮港口

我国内地沿海邮轮港口处于快速发展阶段，已发展大连港、天津港、烟台港、青岛港、上海港、舟山港、温州港、厦门港、深圳港、广州港、海口港、三亚港、北海港等13个邮轮港口，初步形成以天津港为核心的渤海湾邮轮圈、以上海港为核心的长三角邮轮圈以及以广州港、深圳港、厦门港为核心的南部邮轮圈等三大邮轮圈格局。

2017—2018年新投入运营的邮轮港工程如下所示。

- 2017年1月，三亚凤凰岛国际邮轮港二期4#泊位通过通航安检验收，可靠泊15万吨国际豪华邮轮。
- 2017年7月，广西北海邮轮母港开工建造。北海邮轮母港作为北海实施国家全域旅游示范区建设的重要项目，是广西统筹推进的重大建设项目和广西旅游产业发展重要节点项目。
- 2017年12月，温州邮轮码头通过验收，可靠泊5万吨级兼靠10万吨级的邮轮，设计旅客年吞吐量22万人次。地中海“抒情号”开启首航。
- 2018年，湛江国际邮轮综合体开工建设。

2017 年中国内地邮轮港邮轮接待数据如表 1–2 所示。

表 1–2　2017 年中国大陆主要邮轮港口艘次、人次

港口	母港		访问港		总艘次	总人次
	艘次	人次	艘次	人次	2017年	2017年
上海	481	2 912 181	31	65 956	512	2 978 137
天津	160	909 332	15	32 813	175	942 145
广州	122	403 534	0	0	122	403 534
深圳	62	188 528	1	513	63	189 041
青岛	59	105 723	4	3718	63	109 441
厦门	64	133 845	13	27 962	77	161 807
海口	31	25 632	1	460	32	26 092
大连	28	65 609	3	3463	31	69 072
舟山	14	29 769	1	850	15	30 619
三亚	2	1521	10	38 528	12	40 049
温州	1	5008	0	0	1	5008
合计	1024	4 780 682	79	174 263	1103	4 954 945

资料来源：中国交通运输协会邮轮游艇分会 CCYIA。

2017 年中国内地邮轮港邮轮接待艘次如图 1–3 所示。

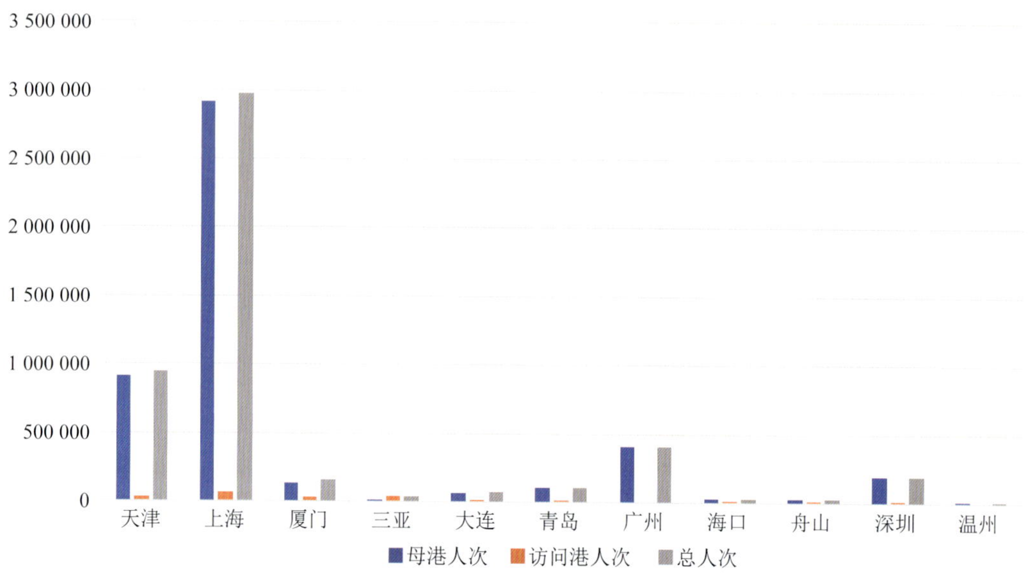

图 1–3　2017 年中国内地邮轮港邮轮接待艘次

2017 年中国内地邮轮港邮轮游客接待量如图 1–4 所示。

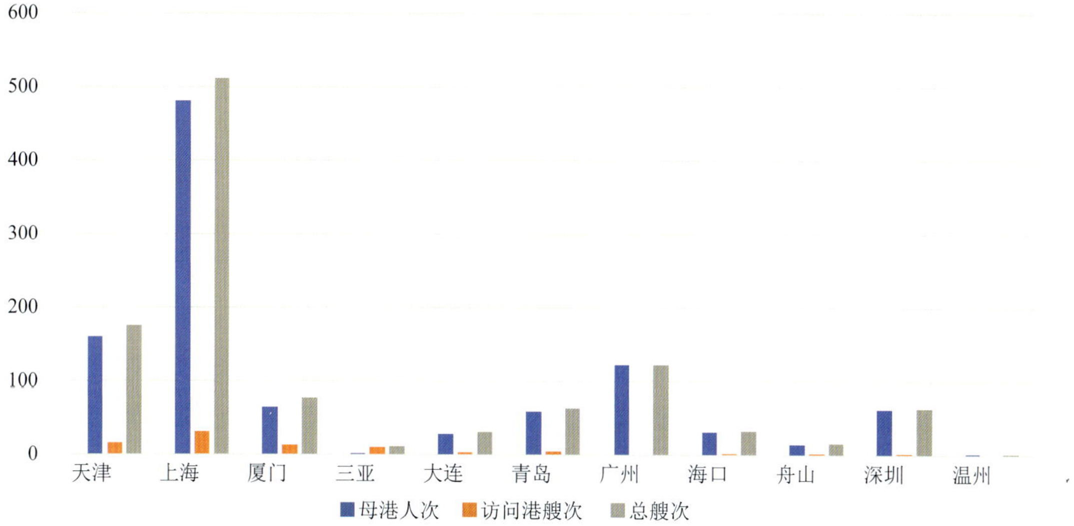

图 1–4　2017 年中国内地邮轮港邮轮游客接待量

资料来源：中国交通运输协会邮轮游艇分会 CCYIA。

2018 年上半年中国内地邮轮港接待情况统计如表 1–3 所示。

表 1–3　2018 年上半年中国内地邮轮港接待情况统计表

港口	母港		访问港		总航次	总人次
	航次	人次	航次	人次		
上海	183	1 260 389	17	40 858	200	1 301 247
天津	45	329 755	9	22 715	54	352 470
广州	51	245 664	0	0	51	245 664
深圳	49	183 772	1	92	50	183 864
青岛	19	23 000	2	342	21	23 342
厦门	35	117 732	6	18 852	41	136 584
海口	48	41 380	2	2558	50	43 938
大连	13	23 198	3	6630	16	29 828
三亚	13	6883	4	6436	17	13 319
舟山	0	0	0	0	0	0
温州	0	0	0	0	0	0
合计	456	2 231 773	44	98 483	500	2 330 256

资料来源：CCYIA，截至 2018 年 6 月底。

（三）邮轮产品

1. 邮轮

（1）2017年，国际邮轮公司共投入18艘邮轮在华运营，其中：

- 诺唯真邮轮公司——进军中国市场，投放以上海和天津为始发港的“喜悦号”邮轮。
- 公主邮轮——旗下为中国市场定制的“盛世公主”邮轮以上海为始发港。“蓝宝石公主”和“黄金公主”调离中国市场。
- 云顶香港——投放以广州为始发港的“世界梦号”邮轮，并将“天秤星号”邮轮调离中国市场。
- 皇家加勒比游轮——2017年9月，旗下的“海洋神话号”因被收购告别中国邮轮市场。
- 精致邮轮——“千禧年”调离中国邮轮市场。

（2）2018年，国际邮轮公司纷纷调整在华运力，共投入了17艘邮轮在华运营，其中：

- 歌诗达邮轮——2018年2月，旗下“维多利亚号”调离中国邮轮市场，投入欧洲市场运营；旗下新船“威尼斯号”将于2019年5月部署中国市场。
- 皇家加勒比游轮——2019年，旗下新船“海洋光谱号”进入中国，接替“海洋赞礼号”在华市场的运营，以上海为母港运营；在上海运营的“海洋量子号”将移师天津运营。
- 地中海邮轮——2018年4月，旗下新船“辉煌号”邮轮在上海首航；旗下“地中海抒情号”离开中国市场，将于2018年年底卖掉。
- 公主邮轮——旗下“盛世公主号”在2018年9月至2019年期间将暂别中国邮轮市场，转至澳大利亚邮轮市场运营。
- 天海邮轮——2018年3月，携程和皇家加勒比邮轮公司将关闭天海邮轮公司，“新世纪号”将于2018年12月转卖给途易邮轮。
- 诺唯真邮轮——旗下“喜悦号”将于2019年4月调离至阿拉斯加市场运营，“诺唯真之勇号”将于2020年夏季部署中国市场。

2006—2019年在华运营邮轮进入中国市场情况一览图，如图1-5所示。

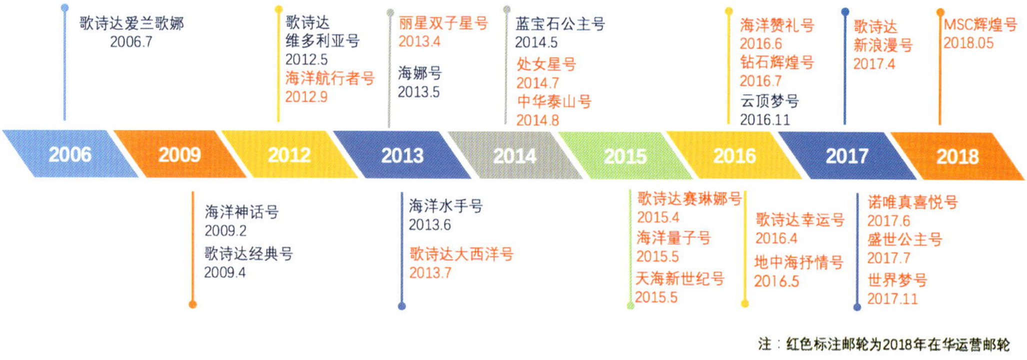

图 1–5　2006—2018 年在华运营邮轮进入中国市场情况一览图

资料来源：上海海事大学亚洲邮轮学院。

在华运营邮轮信息一览表（2017—2018 年）如表 1–4 所示。

表 1–4　在华运营邮轮信息一览表（2017—2018 年）

歌诗达邮轮“大西洋号”		
	船舶概况	
	总吨	85 600
	主尺度	292 米 ×32 米
	载客量	2680 人
	船员数	857 人
歌诗达邮轮“幸运号”——海上梦幻宫殿，共赴罗马假日		
	船舶概况	
	总吨	114 500
	主尺度	290 米 ×35.5 米
	载客量	3780 人
	船员数	1100 人

歌诗达邮轮“赛琳娜号”——致敬文艺复兴

船舶概况	
总吨	102 587
主尺度	373 米 ×36 米
载客量	2720 人
船员数	1027 人

歌诗达邮轮“新浪漫号”

船舶概况	
总吨	57 000
主尺度	220 米 ×30.8 米
载客量	2720 人
船员数	1027 人

皇家加勒比游轮“海洋赞礼号”——赞礼超凡人生

船舶概况	
总吨	167 800
主尺度	348 米 ×41 米
载客量	4905 人
船员数	1500 人

皇家加勒比游轮“海洋量子号”——来自未来的邮轮

船舶概况	
总吨	167 800
主尺度	348 米 ×41 米
载客量	4160 人
船员数	1500 人

皇家加勒比游轮“海洋航行者号”——海上巨无霸

船舶概况	
总吨	138 000
主尺度	311 米 ×47 米
载客量	3138 人
船员数	1181 人

地中海邮轮“地中海辉煌号”

船舶概况	
总吨	138 000
主尺度	333 米 ×38 米
载客量	3900 人
船员数	1313 人

地中海邮轮“抒情号”

船舶概况	
总吨	655 900
主尺度	275 米 × 32 米
载客量	2069 人
船员数	700 人

公主邮轮“盛世公主号”

船舶概况	
总吨	143 000
主尺度	330 米 × 38.4 米
载客量	3560 人
船员数	1350 人

星梦邮轮“世界梦号”

船舶概况	
总吨	167 800
主尺度	348 米 × 41 米
载客量	4905 人
船员数	1500 人

丽星邮轮“处女星号”

船舶概况	
总吨	75 338
主尺度	268 米 ×32 米
载客量	1804 人
船员数	1300 人

丽星邮轮“双子星号”

船舶概况	
总吨	50 764
主尺度	229.8 米 ×22.8 米
载客量	1532 人
船员数	/

“诺唯真喜悦号”——德国建造，只为中国

船舶概况	
总吨	167 725
主尺度	326 米 ×41 米
载客量	4930 人
船员数	1773 人

天海邮轮“天海新世纪”

船舶概况	
总吨	71 545
主尺度	246 米 ×32 米
载客量	1814 人
船员数	/

渤海轮渡“中华泰山”

船舶概况	
总吨	24 500
主尺度	180.4 米 ×25.5 米
载客量	927 人
船员数	/

钻石国际“钻石辉煌号”

船舶概况	
总吨	45 000
主尺度	189 米 ×30 米
载客量	1329 人
船员数	/

2. 邮轮航线

2017 年 2 月，凯撒旅游与 MSC 地中海邮轮共同打造国内首条“环中国海”航线，由地中海“抒情号”围绕“天津—釜山—长崎—舟山—香港—厦门—那霸—济州—天津——釜山—下关—舟山—那霸—香港—厦门—鹿儿岛—天津”进行循环航线。

2017 年 3 月，因萨德入韩事件，旅行社方面停止销售赴韩团组游产品，取消日韩航线邮轮产品中所涉及的所有韩国旅游目的地。在华运营的国际邮轮巨头带领纷纷调整运营线路，原先赴韩国港口统一更改为日本港口或者公海游。

2017 年 6 月，天海邮轮“新世纪号”以厦门为母港开辟主题邮轮航线。

2018 年 6 月，皇家加勒比游轮宣布调整 2019 年航线，新增了俄罗斯海参崴、菲律宾伊洛格斯、日本北海道函馆和日本新潟 4 个新目的地，并推出了 11 条前往日本和菲律宾热带及亚热带目的地的暖冬航线，以及 12 条 4 晚的周末航线，以分别满足游客冬季避寒出行及年轻族群周末出行的需求。

2018 年 8 月 6 日，“中华泰山号”在山东威海开通首条国际邮轮航线，顺利首航。

中国市场主要航线（2017—2018 年）如表 1-5 所示。

表 1-5　中国市场主要航线（2017—2018 年）

邮轮城市	邮轮目的地	航线图
上海	日本：福冈、长崎、熊本、宫崎、北九州、冲绳、鹿儿岛、佐世保、横滨、神户、京都	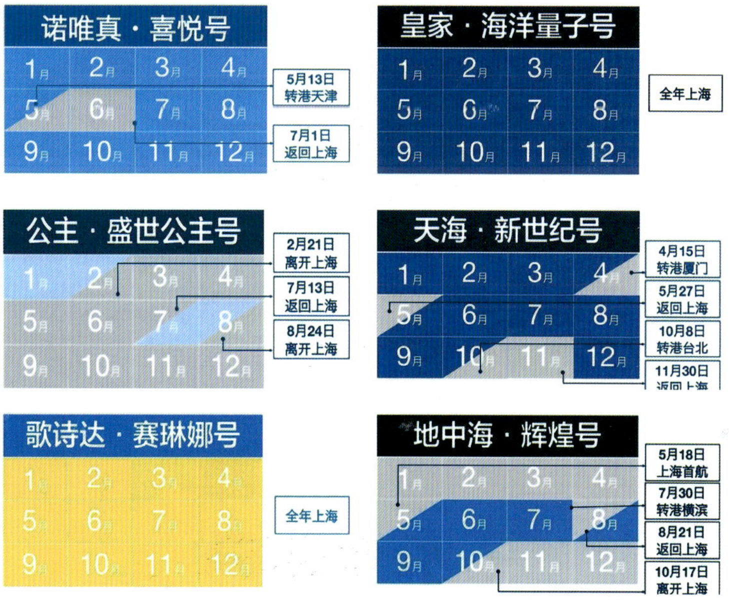

续表

邮轮城市	邮轮目的地	航线图
深圳	日本：冲绳、宫古岛 越南：岘港、下龙湾 菲律宾：马尼拉、长滩岛	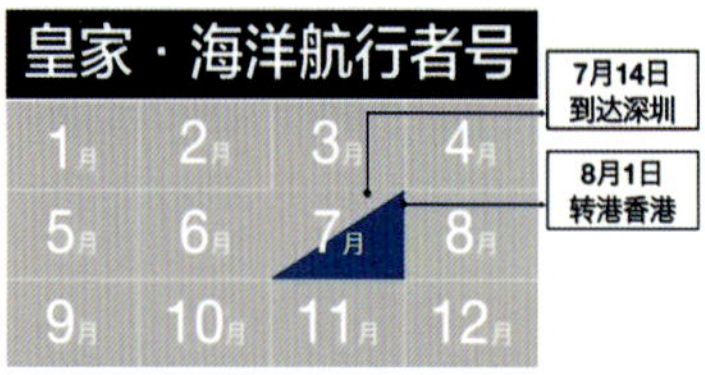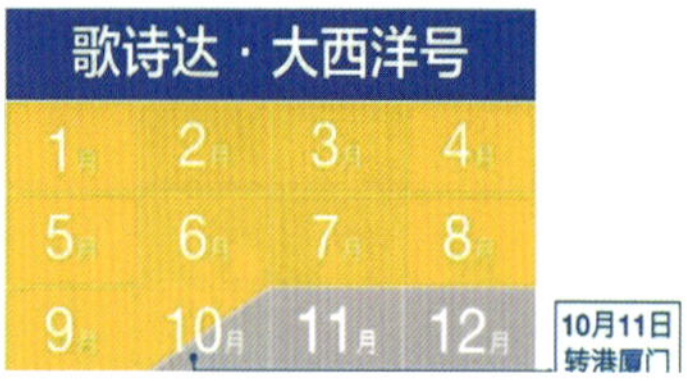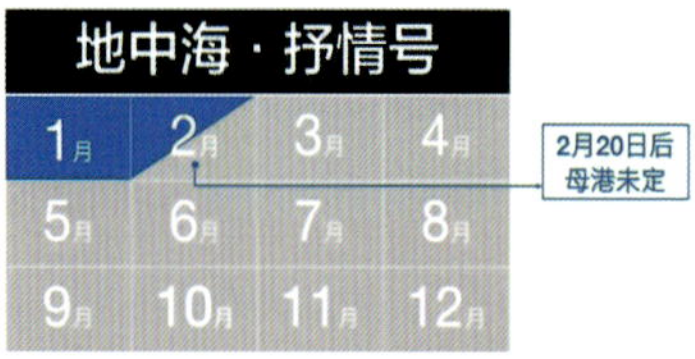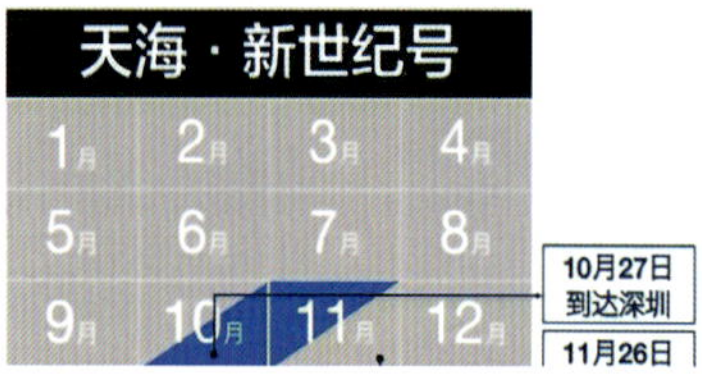
天津	日本：福冈、长崎、下关、八代（熊本）、佐世保、鹿儿岛、境港、舞鹤	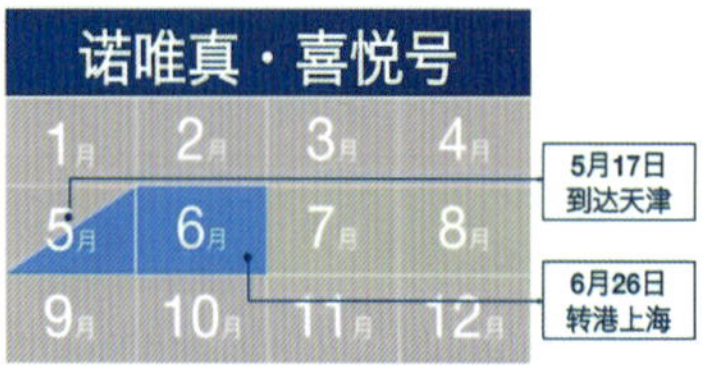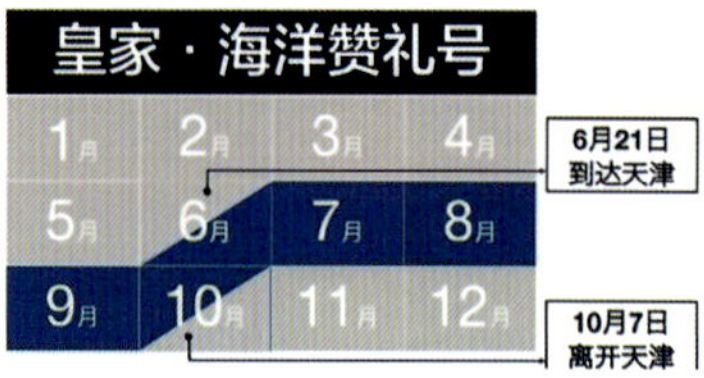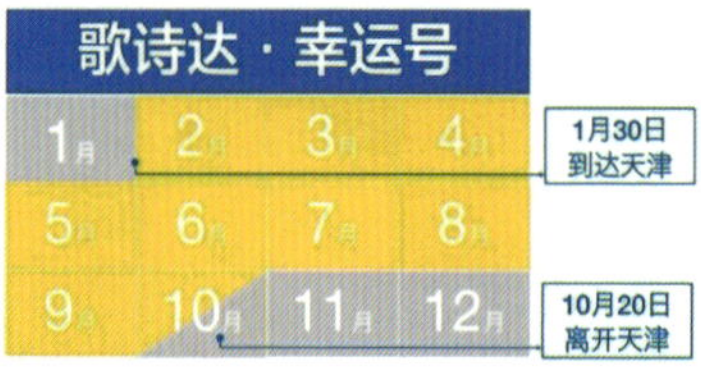
广州	越南：岘港、下龙湾 日本：冲绳	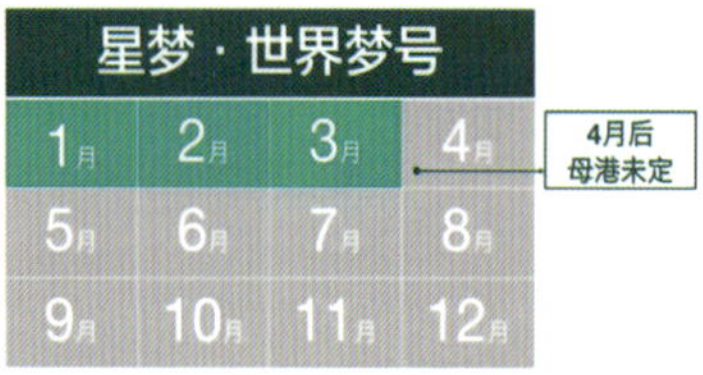
厦门	菲律宾：马尼拉 日本：冲绳、鹿儿岛、佐世保、宫古岛	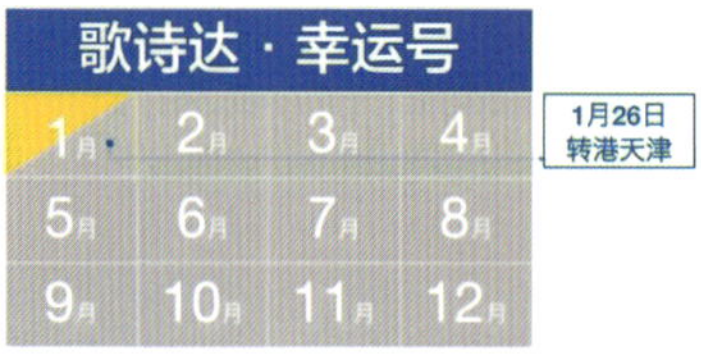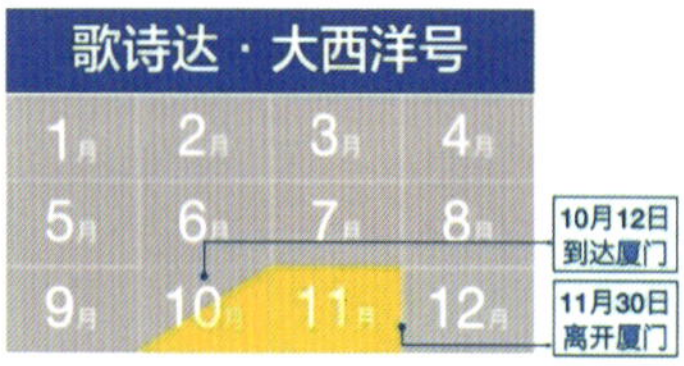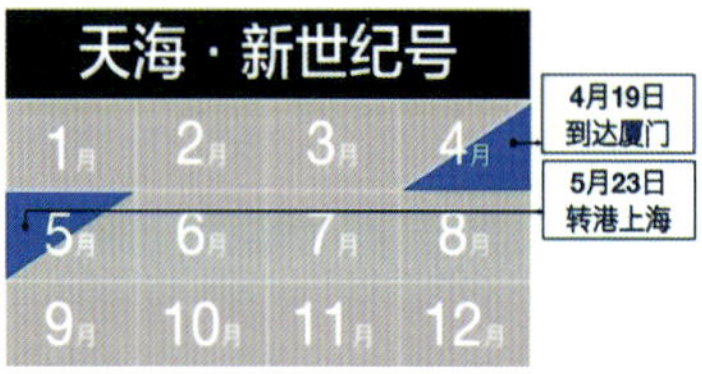

续表

邮轮城市	邮轮目的地	航线图
中国香港	日本：冲绳、神户、高知、福冈、长崎、熊本、下关 菲律宾：长滩岛、马尼拉 越南：芽庄、真美、顺化 台湾：台北	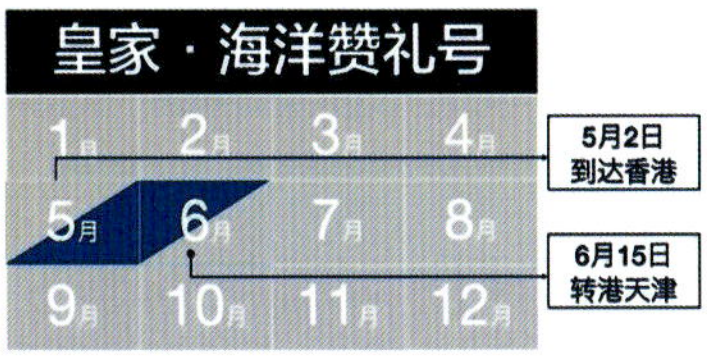 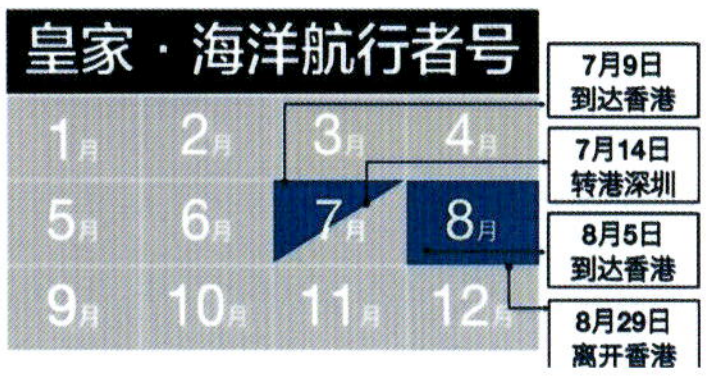
中国台湾	日本：冲绳、石垣 菲律宾：马尼拉	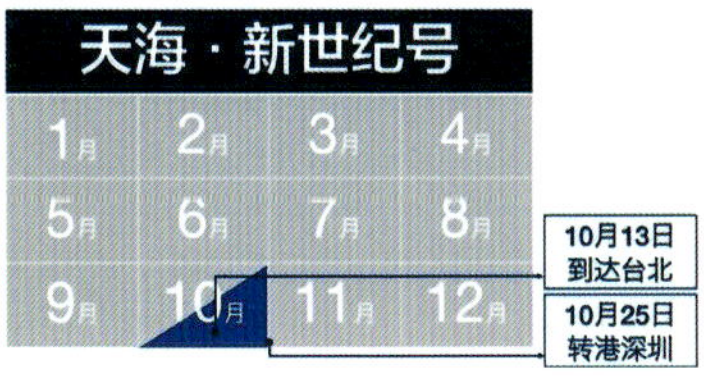

综合分析中国邮轮市场供给，邮轮船舶大型化趋势明显，全国各地区邮轮港口积极满足市场需求，在华运营各邮轮公司在邮轮航线上也新增更多创新点。华北地区由于政治原因导致航线出现单一性，市场南移，华南地区航线备受欢迎。此外，2017年开始，邮轮公司市场运力投放趋减，2018年将出现市场负增长现象，但并不意味着各邮轮公司放弃中国这一巨大的市场，而是出于市场平衡发展、避开国内的恶性低价竞争的考虑，以促使中国邮轮产业由“追求数量”转向“追求质量”稳健发展。

二、中国邮轮市场需求分析

（一）中国邮轮市场需求现状

据CCYIA统计：2017年我国内地全年接待邮轮1103艘次，同比增长9.21%，其中从我国沿海城市出发的始发港艘次1024次，同比增长10.46%，访问港艘次79个，同比下降4.82%，如图1–6所示。全年共接待游客495.495万人次，以中国游客为主的始发港航次出入境游客478万人次，增长11.40%，以境外游客为主的访问港航次入出境17.42万人次，减少37%。2017年中国台湾地区邮轮游客市场规模达到114万人次，2018年丽星邮轮双子星号、处女星号、宝瓶星号等3艘邮轮均有以基隆为母港的航线，预计2018年将达124万人次。

2017年中国邮轮市场接待总量略有增长，与前10年的增速相比明显减缓。以中国游客为主的邮轮旅游出入境需求有所增加，以境外游客为主的邮轮旅游需求较少，且呈现下降趋势，达到2006年以来的最低值。

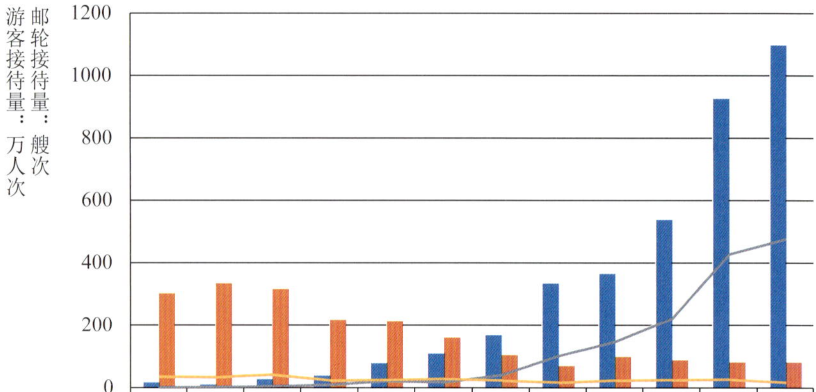

	2006年	2007年	2008年	2009年	2010年	2011年	2012年	2013年	2014年	2015年	2016年	2017年
母港邮轮艘次	18	11	28	40	79	110	169	335	366	539	927	1024
访问港邮轮艘次	304	336	318	219	215	162	106	71	100	90	83	79
母港游客量	1.8	3.2	5.7	10.3	22.2	18.8	41.22	102.4	147.9	222.4	428.9	478
访问港游客量	36.51	34.73	43	24.08	25.88	29.05	24.47	17.75	24.47	25.6	27.76	17.43

图 1-6　2006—2017 年中国邮轮市场数据统计概览

资料来源：亚洲邮轮学院整理，2018。

由我国 2017 年出入境人次及增长趋势可看出，我国邮轮市场需求经过近 10 年快速发展后趋于平缓，并且略有下降。今后需要注意全国市场渗透，不仅沿海城市，更要往中西部宣传渗透，如此才有望今后稳中求发展。在客源市场方面，出入境差距较大，以中国游客为主的出境需求占据绝大部分，中国游客对邮轮出行的积极性较大；入境旅游人数较少且呈现下降趋势，我国需要加大邮轮港口周边建设，完善基础设施，增加岸上观光活动，加大宣传力度，吸引更多邮轮停靠中国邮轮港口，促进境外游客入境旅游。

（二）中国在线邮轮市场需求分析

随着邮轮旅游销售渠道多样化，便捷的线上消费方便深受广大游客的青睐，根据比达咨询发布的《2017 年度中国在线邮轮市场研究报告》，中国在线邮轮市场总人次由 2010 年的 7.9 万增长到 2017 年的 212.5 万，其销售收入由 2.4 亿元已增长到 37.7 亿元，市场份额由 10% 增长到 47.6%，市场渗透率再创新高，如图 1–7 所示。截至目前，OTA 已成为在线邮轮市场的绝对主力，如表 1–6 所示，占据了 71.3% 的市场份额，截至其中，携程、同程、途牛、驴妈妈四大 OTA 线上平台占据绝对市场主力，如表 1–6 所示；此外，在线邮轮市场、线下旅行社网站以及邮轮公司官网分别占据 14.6%、8.8%、5.3% 的市场份额。

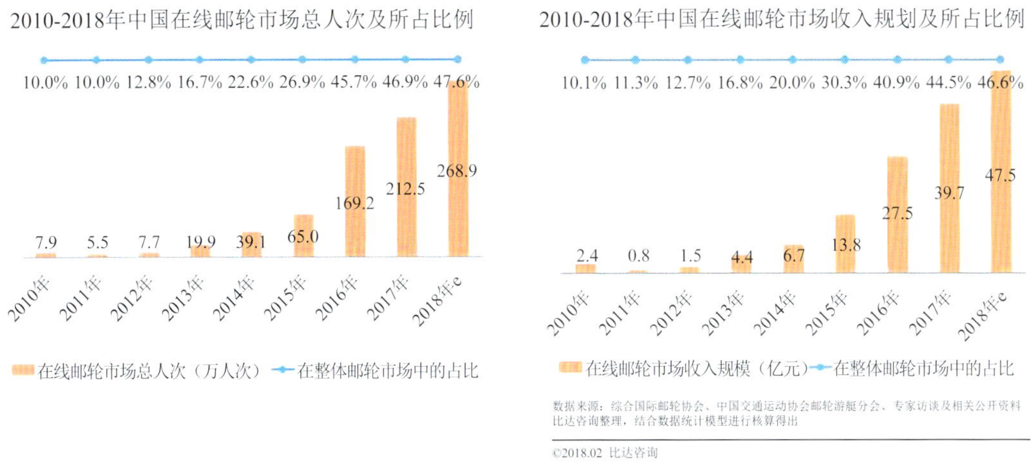

（a）2010—2018 年中国在线邮轮市场总人次及所占比例

（b）2010—2018 年中国在线邮轮市场收入规模及所占比例

图 1-7　2010—2018 年中国在线邮轮市场情况

资料来源：比达咨询。

表 1-6　2017 年中国邮轮市场四大线上 OTA 平台销售统计表

	2016年GMV（亿）	2017年GMV（亿）	同比增长（%）	人次数（万）	单价（元）	2018年预计GMV（亿）	同比增长（%）
携程	9.4	9.5	1.1	25	4 000	10.0	5.3
同程	8.3	7.0	–15.7	20	3 500	7.0	0.0
途牛	2.9	3.2	10.3	13	3 500	4.6	42.2
驴妈妈	2.7	3.5	29.6	15	3 500	5.3	50.0

资料来源：亚洲邮轮学院课整理。

参考途牛旅游网发布《中国在线邮轮旅游消费分析报告 2018》和比达咨询发布的《2017 年度中国在线邮轮市场研究报告》，综合分析 2017—2018 年中国在线邮轮市场发展，具有以下特征。

1. 客源市场

中国邮轮市场客源中 98.2% 的游客选择从中国始发港出发，其中上海、北京、南京、天津、杭州、深圳、重庆、广州、西安、成都等一线城市是邮轮旅游的主要客源地。上海作为中国邮轮旅游发展的中心，其客源市场的游客对邮轮旅游这一新兴的休闲度假方式热情极高，占据中国邮轮客源市场的半壁江山。

2. 游客结构

具有充足休闲时间和可自由支配收入的中老年群体是邮轮旅游非节假日高峰期的核心群体，节假日高峰期的亲子游是主力群体，此外蜜月游、朋友游等群体也是邮轮旅游群体的重要组成部分；其中女性群体的出游率整体高于男性，且年龄集中在30~59岁。

3. 邮轮产品

具备最新科技技术和娱乐设施的海洋量子号、诺唯真喜悦号、世界梦号等新投入服役邮轮的人气高；从邮轮航程考虑，受限于可自由支配时间及其他因素，80%以上的游客偏好4~8天的中短程航线，其中5~6天航程的航线是主流航线。

4. 产品预订

中国市场受邮轮包船切舱以及便利签证、免签等政策的影响，邮轮产品的预订周期普遍不长，目前仍有1/4的游客选择在出游半个月前预订邮轮产品；随着在线OTA平台邮轮旅游产品销售模式的成熟，游客开始倾向于提前计划、提前预订的消费模式，其中1/4游客在线预订邮轮产品的时间周期超过2个月，1/2游客提前月余预订。

5. 岸上旅游

舱房、餐饮、船上休闲娱乐、岸上旅游等邮轮游客关注的核心要素中，游客对岸上旅游的关注度较上一年度显著提升，游客对于岸上旅游的个性化和多样化需求明显，传统的岸上购物已不能满足其休闲旅游需求。

第二章 长江河轮市场

一、长江河轮旅游发展现状

中国国内的长江、黄河、珠江、闽江、松花江等几大河流中，仅有长江运营了真正意义上的游轮，因此，下文谈及的河轮均指长江游轮。

（一）长江河轮旅游发展起源

1. 长江河轮产业兴起：20 世纪 70 年代

改革开放后，欧美客人开始进入中国内地旅游，喜好游轮旅游的美国客人率先提出了在长江上乘坐豪华游轮游览长江三峡的要求。在此背景下，长航集团在长江尚无旅游船的情况下改造曾经接待过毛泽东主席的昆仑号客轮以供外宾使用，这就是长江上第一艘理论意义上的旅游船。

2. 第一代长江游轮建成：20 世纪 80 年代至 90 年代初

20 世纪 80 年代至 90 年代初，神女、三峡、长城、峨眉、巴山、白帝、西陵、隆中、扬子江等第一代长江游轮建成。这一代游轮船型相对较小，船长一般控制在 80 米以内，载客量 100~150 人，无整体卫浴和设置外阳台。

3. 第二代长江游轮建成：20 世纪 90 年代至 21 世纪初

1992—2009 年，蓝鲸、总统一号、世纪天子、凯蒂等 20 多艘第二代游轮建成。这一代游轮船型在第一代基础上进行了升级，船长一般控制在 120 米以内，载客量 200~300 人，安装了整体卫浴并设置了外阳台。

4. 第三代长江游轮建成：2009 年至今

三峡库区 175 米的蓄水成功，使重庆至宜昌的航道得到了前所未有的改善，为长江游轮的大型化、高端化提供了必要的前提条件。2009 年至今，凯珍，黄金系列，长江 2 号，总统 6、7、8 号，世纪神话，世纪天子等 15 艘第三代游轮建成，其中重庆市东江实业有限公司建造的凯珍轮正式下水，开启了长江万吨游轮运营的新篇章。这一代游轮船型大型化、海轮化趋势明显，船长一般控制在 130 米至极限尺度 150 米，载客量 300~600 人，船上设备更先进、更现代化，服务更为人性化。

（二）长江河轮旅游发展现状

长江是中国第一大河流，作为全球内河的黄金水道、重要的水陆交通枢纽，流域覆盖人口超 4 亿，沿线旅游资源丰富，自然人文景观较多，汇聚了中国最古老的地方，亦聚集着中国最为发达的区域。

长江河轮旅游市场依托长江经济带涉及的上海、江苏、浙江、安徽、江西、湖北、湖南、重庆、四川、云南、贵州 9 省 2 市，发挥国际黄金旅游带资源优势，通过不断建造新船、提升服务，吸引了众多国内外游客，具有一定的国际市场占有率。

在政府引导和市场主导合力推动下，长江旅游客运运力结构优化，安全管理能力增强，游轮服务水平明显提升。2017 年，长江游轮旅游市场豪华游轮游客接待量为 64 万人次，全年销售收入约 10 亿元；大众游轮游客接待量 25 万人次，全年销售收入约 2 亿元。随着长江经济带综合立体交通走廊的不断完善，为长江水上旅游消费提供新的增长空间，在市场旅游客源增长的同时，旅游品质和船票价格也保持了稳中有升，行业整体经济效益实现良性增长。据长江航运发展研究中心预测，2025 年、2035 年长江水上旅游客运量将分别达到 1100 万人次、1500 万人次。

（三）长江河轮旅游客源分析

长江河轮旅游以豪华游轮（涉外游轮）旅游、大众游轮（国内游轮）旅游、两坝一峡游三类为主，其中大众游轮（国内游轮）旅游、两坝一峡游客源均为内宾，长江豪华游轮接待内宾和外宾，其客源市场包括欧美市场、东南亚市场、日本市场、国内市场，具体市场分析如下所示。

1. 欧美市场

欧美市场是长江豪华游轮旅游最受欢迎的主力客源市场，也是长江涉外豪华游轮高端休闲旅游客源的主力军；入境游旺季时期，欧美市场客源能占据半壁江山。

2. 东南亚市场

东南亚市场在长江豪华游轮旅游中所占市场份额不高，但其市场客源基数大，开发潜力巨大，是长江河轮发展国际旅游不可或缺的市场。

3. 日本市场

日本市场近年来大量萎缩，现已发展成为长江上最低迷的市场客源。

4. 国内市场

（1）香港市场。香港市场客流量高于东南亚和东北亚市场，香港游客的消费能力不亚于欧美游客，是除欧美游客以外最受长江河轮市场欢迎的游客。

（2）台湾市场。出入境旅游受地缘政治影响较大，台湾市场受限于政治因素近年来逐步萎缩，已经发展成为长江上低迷的市场客源。

（3）内地市场。内地市场是长江游轮旅游的主流市场，其中内宾在长江河轮市场份额所占比例将超过 70%，具有成团快、流量大、价格低、消费水平低等特点。

（四）长江河轮旅游季节性特征

长江豪华游轮市场的旅游淡旺季与我国旅游的淡旺季分界相似，即每年 4—10 月为旅游旺季、11 月至次年 3 月为旅游淡季，其中 4—5 月为旅游为外宾旅游高峰期，6—8 月为内宾旅游高峰期、外宾旅游淡季，形成入境旅游和国内旅游互补的平衡状态；每年“五一”和“国庆”期间是内外宾旅游高峰期，形成内外宾旺季叠加局面。

二、长江河轮城市动态概览

长江干线旅游客运码头建设步伐不断加快。2017 年，长江干线旅游客运码头约 42 座，主要集中在中上游地区。随着水上旅游线路向下游延伸，如重庆至泰州、上海—张家港—泰州—南京等线路的开通，中下游江西、安徽、江苏等地动作频频。一方面，一批新的游轮码头已经规划建设，安徽池州游轮码头已经建设完毕并投入运营，江苏张家港、扬州等港口正在进行选址；另一方面，江西九江等一些老旧旅游码头也进行了升级改造，泰州港则在国际集装箱码头设立了游轮停靠点。

（一）重庆

重庆是我国中西部唯一的直辖市，长江上游地区的经济、金融、科创、航运和商贸物流中心，“一带一路”和长江经济带重要联结点以及内陆开放高地，既以江城、雾都著称，又以山城扬名。重庆港水路可直达长江 8 省 2 市，陆路与成渝、襄渝、渝黔、渝怀铁路和成渝、渝黔、重庆至武汉、重庆至长沙等高速公路相连，是长江上游最大的内河主枢纽港，其中朝天门码头是长江河轮旅游的重要始发港。

重庆作为长江河轮旅游的始发城市，境内沿途风景优美，其主要的游轮旅游目的地如下所示。

（1）重庆主城区——历史文化气息厚重，主城区内有洪崖洞、解放碑、磁器口老街、沙坪坝烈士墓、白公馆、洋人街等一系列知名景点。

（2）丰都鬼城——以其悠久的历史、独特的文化内涵、神奇的传说、秀美的风光和难以替代的观赏价值、不可多得的鬼文化研究载体和独特源泉，向中外游客展现出神秘的东方神韶。

（3）白帝城：有泰山之风貌，有兔耳岭之怪石奇观，是观“夔门天下雄”的最佳地点。白帝城作为明至清古建筑，被国务院批准列入第六批全国重点文物保护单位名单。

（4）石宝寨——中国目前仅存的几座木结构建筑之一，被称为“世界八大奇异建筑之一”，三峡工程竣工之后，江水水位升高，石宝寨成了名副其实的江中明珠、水上仙阁。

（5）神女溪——溪长15公里，水面湍急、溪浅道窄，其中10公里为人迹罕至的原始山谷，可达溪内峡谷纵深处探秘，优美的风景与原生态居民“惊现”在游人面前，是三峡游新亮点。

重庆河轮发展动态如下所示。

2017年11月28日，世纪游轮拟耗资3亿元倾力打造的第8艘五星级豪华游轮“世纪荣耀”开工仪式在涪陵正式启动，2018年11月20日在长江涪陵段成功下水，开始进入装修阶段，预计于2019年7月正式首航投入运营。“世纪荣耀”总长149.80米，设计吃水3.0米，载客人数扩大至650人，是现有常规长江豪华游轮载客量的两倍。

2018年3月5日，为丰富旅游线路产品，升级休闲度假品质，长江黄金游轮公司旗下“长江黄金8号”乘载300余名海外游客开启为期十天的“水韵江苏”（重庆—泰州）首航。

2018年6月26日，重庆川东船舶重工有限责任公司与重庆东江实业有限成功签订了《东江邮轮建造合同》，重庆川东船舶重工有限责任公司将承建长江上第一艘超过万吨的游轮，同时也是国家工信部推荐认证的节能环保示范船。

（二）宜昌

宜昌依长江而建，是湖北省域副中心城市，中国中部重要的交通枢纽，同时是三峡大坝、葛洲坝等国家重要战略设施所在地，被誉为“世界水电之都”。

宜昌是长江游轮旅游中的重要节点城市，同时也是长江三峡两坝（葛洲坝、三峡大坝）一峡游的旅游目的地。三峡大坝是当今世界上最大的水利枢纽工程，600公里的水库成为世界罕见的新景观，是长江游轮旅游的一大特色。此外，三峡升船机的全新体验将成为长江河轮旅游的新亮点。

宜昌河轮发展动态如下所示。

2017年6月10日，三峡升降机145米水位实船试航正式启动，该工程历经60余年的勘察、设计、论证，是三峡水利枢纽的永久通航设备之一，也是目前世界上规模最大、技术难度最高的工程升船机。此后，长江河轮乘坐升降机通航三峡大坝，将成为长江河轮旅游的热点。

2018 年 4 月 18 日，宜昌长江三峡游轮中心项目正式动工建设，打造宜昌的“维多利亚港湾”。该项目投资 60 亿元，规划用地 645 亩，设计旅客年吞吐能力约 200 万人次，将打造成大三峡地区游轮母港旅游集散中心；其子项目宜昌三峡国际游轮中心码头工程先行开工建设，将新建 10 个大型游轮泊位。

（三）武汉

武汉地处长江中游，其深厚的文化底蕴和旅游资源吸引了无数国内外游客前往旅游；武汉港作为交通部定点的水铁联运主枢纽港，在国家中部崛起战略、长江黄金水道和武汉航运中心建设中地位极为重要，同时也是长江游轮旅游的枢纽节点，中国长江航运集团有限公司与武汉旅游发展投资集团有意向将其打造成为长江中游城市群邮轮旅游集散中心。

武汉河轮发展动态如下所示。

2017 年 9 月 18 日，为期两天的长江新一代豪华游轮船型论证评审会在武汉落幕，来自中国邮轮理论研究、设计建造、规范标准、游轮运营等单位的近 20 位专家，聚焦国家长江经济带战略下，长江新一代高端豪华游轮设计方案。

2017 年 12 月 10 日，招商局集团旗下的中国长江航运集团有限公司与武汉旅游发展投资集团共同签署长江邮轮母港及“长江主轴”港航旅游项目建设协议，拟共同投资 30 亿元将武汉打造成为长江中游城市群邮轮旅游集散中心，开发具有世界级核心景观旅游胜地的“武汉品牌”。

2018 年 6 月 19 日，中国长江航运集团有限公司联合多家单位在武汉总部召开“长江新一代长江邮轮基础设计研讨会”，欲打造长江新一代高端邮轮。

（四）南京

南京是中国四大古都、首批国家历史文化名城，是中华文明的重要发祥地，有“六朝古都”“十朝都会”之称。南京地处中国东部、长江下游，濒江近海，是中国长江国际航运物流中心，长三角辐射带动中西部地区发展的国家重要门户城市，也是东部沿海经济带与长江经济带战略交汇的重要节点城市。

南京港是亚洲最大内河港口之一、主枢纽港和对外开放一类口岸，是我国沿海主要的港口，也是长江流域水陆联运和江海中转的枢纽港，经济地位突出，交通条件优越，处于铁路、公路、管道、航空和水运的交会点。目前，南京已开通上海—南京的河轮航线，是长江流域重要的河轮母港。

南京河轮发展动态如下所示。

2017 年 9 月 12 日，在金洽会栖霞区专场活动上南京提出建设栖霞山邮轮小镇，并尽快启动建设。随着深水航道的实施，南京将成为长江入海前的最后一个海港城市。栖霞山邮轮小镇北眺长江，背靠栖霞山，可建设 8 万吨级邮轮码头，将成为中国首个内陆江海联运邮轮码头。

2018 年 4 月 11 日下午，“畅游长江 携手启航”南京旅游集团、重庆冠达游轮公司战略合作签约仪式暨“世纪天子”号南京至上海首航仪式在南京五马渡码头隆重举行，此举填补了我国长江下游定期游轮航线的空白，也是一带一路沿线两大节点城市交通和旅游融合发展新的里程碑。

（五）上海

上海是沪杭甬大湾区核心城市，国际经济、金融、贸易、航运、科技创新中心，地处长江入海口，是长江经济带的龙头城市、G60 科创走廊核心城市。上海国际大都市独有的海派文化浓厚，拥有东方明珠电视塔、金茂大厦、环球金融中心、上海中心大厦、中华艺术宫、上海国际金融中心、上海迪士尼乐园等一系列标志性景观，对国内外游客极具吸引力。

上海是长江河轮旅游的末端节点，国际客运中心作为上海港河轮始发港和访问港，以水上旅游产业为切入点，塑造北外滩邮轮码头商业活动新地标，打造集特色餐饮、购物消费、休闲娱乐为一体的城市滨江商业综合体。

上海河轮发展动态如下所示。

2017 年 9 月 22 日，在 2017 邮轮游艇旅游节开幕式上，世纪游轮与携程旅行网共同宣布成立合资公司——冠程（上海）游轮船务有限公司，进军长江中下游豪华游轮旅游市场。

2018 年 4 月 4 日，五星级豪华游轮“世纪天子”面向社会开展了“在这里，看见上海”的开放日盛宴活动。

2018 年 4 月 8 日，世纪游轮旗下“世纪天子”开始“上海—南京”首航，为华东客户定制了 3 条富有江南风景的游轮旅游线路（上海—张家港—泰州—南京；南京—泰州—张家港—上海；上海周末游轮一日游），首创中国河轮旅游江南游常态航线先河。

（六）其他城市

1. 泰州河轮发展动态

2018 年 3 月 13 日，江苏省旅游局与泰州市人民政府在泰州核心港区集装箱码头黄金 8 号游轮上，举行“水韵江苏”长江黄金游轮首航仪式（泰州—重庆）暨加拿大华景假期国际旅行团欢迎仪式。

2. 张家港河轮发展动态

2018 年 4 月 9 日，“世纪天子”号游轮首次停靠张家港双山岛码头，300 多名来自世界各地游客来到这里体验生态休闲的慢生活。

2018 年 4 月 9 日，“长江中下游游轮旅游发展座谈会”在张家港双山岛召开，来自交通运输部、长江航务管理局（长航局）、江苏海事局、张家港市政府等管理部门以及 11 家从事长江游轮业的企业代表出席会议。

三、长江河轮市场供需分析

（一）设计建造市场分析

长江游轮的设计一般由熟悉长江航道特征及规范要求的长江中上游地区的设计院承担，其中包括重庆长航船舶研究设计院和武汉的长江船舶设计院两家主要设计单位。

长江游轮的建造承接以重庆境内的造船厂为主，以宜昌和武汉造船厂为辅。从长江游轮的建造成本考虑，一般上游船厂的建造成本要低于中下游的船厂。

目前，长江游轮的建造规模和豪华程度不逊色于欧洲河轮。欧洲河轮受限于航行条件以及桥梁高度，其载客量和功能的发挥均受到限制，船型标准化，建造高度不能超过 3 层，总体更倾向于精致和服务的方向发展；相比而言，长江游轮则更倾向于海洋邮轮的建造模式，其建造高度可高达 7 层，内部公共空间设计富裕。

（二）市场船舶运力分析

长江河轮市场运营的主流河轮分为三类：豪华邮轮（涉外邮轮）、大众游轮（国内游轮）、两坝一峡游轮。

1. 豪华邮轮

以长江豪华邮轮为代表的内河游轮旅游产品，已成为远洋大型邮轮的替代品和互补品，是我国中高端休闲旅游的典范产品，亦是国内邮轮旅游发展的亮点。

长江上经营豪华游轮的公司主要有 7 家（见表 2–1），运营豪华游轮共计 34 艘，总运力约为 1.4 万客位，以标准间为最低客房配置，基本满足陆上五星级酒店的硬件标准。2017 年长江豪华游轮运力全年可接待游客 80 万人次，实际接待游轮游客 64 万人次，平均上座率 80%，游轮船票价格控制在 1500~2000 元/张，全年销售收入约 10 亿元。其中，重庆东江实业有限公司旗下美维系列游轮接待的国际游客在长江豪华游轮的国际客源市场上占有重要份额，其游轮产品给国际游客带来的体验印象深刻，提高了国内游轮的服务口碑和品质。

表 2-1　长江游轮公司豪华游轮运力统计（2017）

游轮公司	游轮品牌	艘数	舱房数
重庆长江黄金游轮有限公司	长江黄金游轮	7	1419
重庆市东江实业有限公司	维多利亚游轮	7	862
重庆冠达游轮有限责任公司	新世纪游轮	7	1055
中国长江海外游船总公司	长江海外游轮	5	577
湖北武汉扬子江游轮公司	总统系列邮轮	5	849
重庆大美长江三峡游轮股份有限公司	神女系列游轮	2	288
宜昌东方皇家游轮公司	长江探索游轮	1	60

资料来源：亚洲邮轮学院整理，2018。

2018 年长江豪华游轮公司在营游轮如表 2-2 所示。

表 2-2　2018 年长江豪华游轮公司在营游轮

长江黄金游轮	长江黄金游轮
代表船型：长江黄金 2 号 ➢ 执行航线：重庆—宜昌 ➢ 游轮吨位：17 000 吨 ➢ 载客人数：570 人 ➢ 首航时间：2012 年 5 月 ➢ 甲板层数：6 层 ➢ 游轮长度：149.00 米 ➢ 游轮宽度：24.00 米	 黄金一号 160航次  黄金二号 240航次  黄金三号 186航次  黄金五号 195航次  黄金六号 205航次  黄金七号 200航次  黄金八号 0航次
神女系列游轮	神女系列游轮
代表船型：神女一号 ➢ 游轮吨位：8300 吨 ➢ 载客人数：234 人 ➢ 首航时间：2012 年 ➢ 甲板层数：6 层 ➢ 游轮长度：92.00 米 ➢ 游轮宽度：18.80 米	 神女一号 69航次  神女二号 124航次

续表

维多利亚游轮	美国维多利亚游轮
代表船型：美维凯珍号 ➢ 执行航线：重庆—宜昌 ➢ 游轮吨位：8000 吨 ➢ 载客人数：378 人 ➢ 首航时间：2009 年 ➢ 甲板层数：6 层 ➢ 游轮长度：133.80 米 ➢ 游轮宽度：18.00 米	
新世纪游轮	新世纪游輪 New Century Cruises
代表船型：世纪神话号 ➢ 执行航线：重庆—宜昌 ➢ 游轮吨位：12 516 吨 ➢ 载客人数：398 人 ➢ 首航时间：2013 年 5 月 ➢ 甲板层数：7 层 ➢ 游轮长度：141.80 米 ➢ 游轮宽度：24.60 米	
长江海外游轮	SINOTRANS&CSC 长江海外游轮
代表船型：长江一号 ➢ 执行航线：重庆—宜昌 ➢ 游轮吨位：13 000 吨 ➢ 载客人数：440 人 ➢ 甲板层数：6 层 ➢ 游轮长度：139.00 米 ➢ 游轮宽度：19.60 米	
总统系列游轮	总统系列游轮
代表船型：总统八号 ➢ 执行航线：重庆—宜昌 ➢ 游轮吨位：17 000 吨 ➢ 载客人数：460 人 ➢ 首航时间：2013 年 4 月 ➢ 甲板层数：6 层 ➢ 游轮长度：146.80 米 ➢ 游轮宽度：20.20 米	

续表

长江探索系列	YANGZI EXPLORER 長江探索號
代表船型：长江探索号 ➢ 游轮吨位：6733 吨 ➢ 载客人数：124 人 ➢ 首航时间：2008 年 ➢ 甲板层数：6 层 ➢ 游轮长度：91.50 米 ➢ 游轮宽度：16.40 米	 长江探索号 128航次

资料来源：亚洲邮轮学院整理，2018。

2. 大众游轮

长江大众游轮由以前的普通客船转型而来，长江上经营大众游轮的公司共 5 家，2017—2018 年在营大众游轮 17 艘（见表 2-3），舱房以一等舱、二等舱、特等舱为主，运营的常规航线为“万州—宜昌”和“奉节—宜昌”。长江大众游轮市场现有运力全年可接待游客 30 万人次，2017 年全年接待游轮游客 25 余万人次，平均上座率 83%，游轮船票价格控制在 500~1500 元 / 张，全年销售收入约 2 亿元。

表 2-3　长江大众游轮运营公司情况

游轮公司	艘数
重庆渝鸿船务有限公司	5
巴东楚天船务公司	5
宜昌隆基旅运有限公司	3
湖北武汉扬子江游轮公司	2
宜昌江腾游轮有限公司	2

资料来源：亚洲邮轮学院整理，2018。

3. 两坝一峡游轮

宜昌交运集团目前运营 5 艘观光游轮运营两坝（葛洲坝、三峡大坝）一峡游，游轮票价 100 元 / 张，2016 年接待游客 30 万人次，营业收入 0.3 亿元。

（三）市场旅游航线分析

长江河轮旅游 90% 的市场集中在“重庆—宜昌”/“宜昌—重庆”航线，其中冠达世纪天子号游轮于 2018 年 4 月首创中国内河江南游轮旅游常态航线先河，开通了“南京—上海”/“上海—南京”航线。

1. 主流航线（见图 2-1）

（1）重庆—宜昌：下水，4 天 3 晚；宜昌—重庆：上水，5 天 4 晚。

（2）南京—上海：下水，4 天 3 晚；上海—南京：上水，4 天 3 晚。

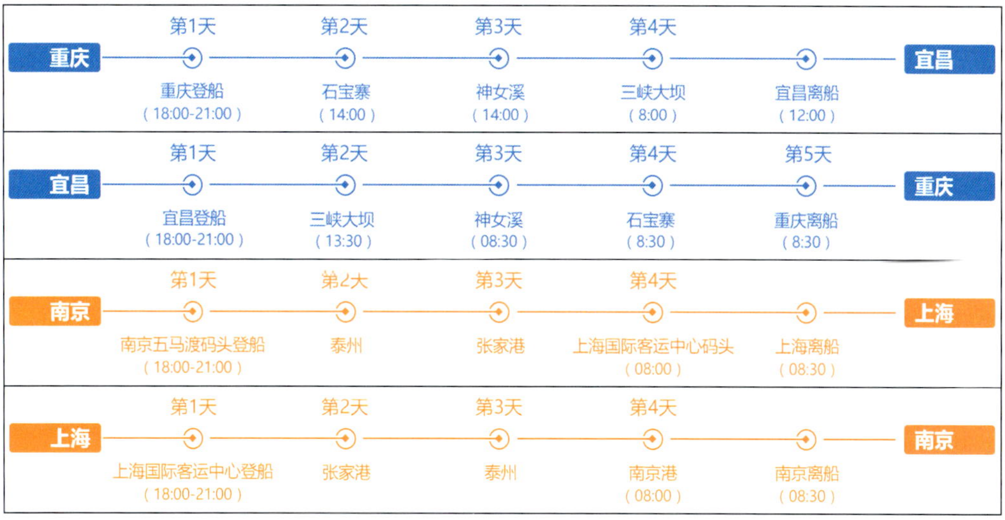

图 2-1　长江河轮旅游主流航线航程概况

2. 其他航线（见图 2-2）

万州—宜昌、奉节—宜昌、重庆—上海、上海—南京、南京—上海、重庆—宜昌—重庆等。

图 2-2　长江游轮旅游航线图

资料来源：长江游轮联网票务销售中心。

长江三峡的绮丽景色给国外游客乘坐游轮带来了良好的体验，也借此谱写了国外游客入华体验游轮的初章，走在了国内邮轮招揽国际游客的前端。

（四）市场旅游资源分析

长江河轮旅游依托的长江国际黄金旅游带是《国务院关于印发“十三五”旅游业发展规划的通知》（国发〔2016〕70 号）重点打造的 10 条国家精品旅游带之一，是高品位的人类自然和文化遗产主要集中分布地，沿线集聚了西湖、黄山、庐山、张家界、武陵源、峨眉山等一大批世界自然文化遗产，分布着青藏、云贵、巴蜀、荆湘、赣皖、吴越及沪上文化等特色地域文化区；长江国际黄金旅游带涵盖多元的历史文化和民族习俗，是中华传统文化成片区保存最集聚的区域，包括巴蜀、滇、黔、湖湘、荆楚、赣、吴越、江淮 8 种地域文化类型。

经过多年的建设和发展，长江国际黄金旅游带传统旅游目的地逐渐成熟。以 5A 级景区、世界遗产为代表的一批传统著名景区逐渐发展为旅游产品和市场较为成熟的旅游目的地，成为长江国际黄金旅游带核心的旅游载体，是长江河轮旅游集聚竞争力的旅游资源。长江国际黄金旅游带旅游资源情况如表 2–4 所示。

表 2–4　长江国际黄金旅游带旅游资源情况

旅游资源类型	数量	占全国资源比例（%）
国家级文物保护单位	1556	36
世界遗产地	21	44
国家级风景名胜区	125	44
国家自然保护区	114	44
国家级森林公园	315	42
国家历史文化名城	52	41
国家湿地公园	137	48

资料来源：亚洲邮轮学院整理 2018。

四、长江河轮市场政策分析

（一）国家战略——长江河轮旅游上升到国家战略层面，迎来新机遇

《国务院关于印发“十三五”旅游业发展规划的通知》（国发〔2016〕70 号）提出“支持长江流域等有条件的江河、湖泊有序发展内河游轮旅游”，长江河轮旅游已上升到国家旅游战略层面。

《国务院关于依托黄金水道推动长江经济带发展的指导意见》（国发〔2014〕39 号）明确“将长江沿线培育成为国际黄金旅游带”。长江经济带建设是国家重要经济战略，

长江国际黄金旅游带的建设为长江河轮旅游发展提供优质的发展环境和发展空间，推动长江河轮旅游高质量发展。

2016—2017年，国家旅游、交通运输等主管部门先后发布《长江国际黄金旅游带发展规划纲要》《关于促进交通运输与旅游融合发展的若干意见》等重大文件，提出重点打造“国际黄金水道”长江游轮旅游线路，明确支持长江干线等有条件通航水域有序发展内河游轮旅游。长江水上旅游迎来了前所未有的发展机遇。

（二）高质量发展——以总书记重要讲话为根本，推动长江河轮市场高质量发展

2018年4月，习近平总书记深入长江实地考察长江经济带建设，主持召开深入推动长江经济带发展座谈会，并发表重要讲话。长江航务管理局、长江海事局、长江公安局等相关监管部门召开多次会议，深入贯彻落实习总书记重要讲话和指导思想。在推动长江经济带高质量发展、推进供给侧结构性改革、保护和修复长江生态、淘汰落后产能和治理环境污染、突出“生态优先、绿色发展”的同时，以创新为第一动力，以良好生态环境为重要支撑，着力解决长江游轮旅游发展不平衡、不充分的问题，对于长江游轮旅游的高质量发展具有积极的推动作用和先导性意义。

（三）全面升级——全面提档升级，为打造长江国际黄金旅游带当好先行者

长江旅游客运安全发展座谈会上，与会专家和企业管理人员一致认为长江游轮客运要抢抓机遇，实现持续健康有序发展，需在硬件环境、配套设施、服务水平、安全管理、环保手段等方面提档升级，包括创建服务一流的水上旅游品牌，打造能力一流的港航基础设施，构筑保障一流的安全防控体系，建设环保一流的绿色航运配套，创新品质一流的旅游服务功能，培育信用一流的企业营商环境。

（四）运力管控——结合市场需求，严格调控长江干线游轮旅游市场

长江航务局依据《关于加强长江干线省际旅客运输市场调控的通告》，综合分析长江游轮市场供需情况，严格调控长江干线游轮旅游市场，主要从以下三个方面实施。

（1）严格控制增加新的经营主体，推动企业兼并重组，实现集约化经营。长江航务局原则上暂停审批新的长江河轮经营主体，并积极推动长江河轮经营主体的兼并重组，联合相关管理部门加强经营主体的监管。

（2）严格控制新增运力，维护运输市场稳定。原则上暂停批准新增长江干线省际客船运力（含新建船舶、省内运输船舶转省际运输），但现有企业报废或拆解3艘现有在航的长江干线省际客船（系指船舶所有权证书、国籍证书、船检证书和船舶营业运输

证齐全、有效的客船，包括涉外旅游船、普通客船、高速客船，含其自有船舶及收购其他船舶所有人的船舶，以下简称现有在航客船）后，可申请新增 1 艘客位不超过退出运输市场客船总客位的客船。考虑长江中下游游轮旅游市场的发展，长江航务局在此基础上，通过公开招标形式原则上允许游轮经营主体新增运力，但严格控制新增游轮数量。

（3）延缓新增运力投放，改善市场供求关系。现有长江河轮经营主体每次允许新增的游轮不超过 2 艘，且已批准的新增游轮未投入营运前，不予受理其再次申请新增游轮运力。

长江航务局严格控制增加新的经营主体、严格控制新增运力的政策和措施，大力推动了长江游轮大型化、海轮化的发展趋势，大众游轮今后将逐步退出历史舞台，为长江游轮旅游市场的健康发展打下了良好的基础。

五、长江河轮市场趋势分析

（一）全球河轮市场增长迅猛，长江河轮旅游市场备受关注

近年来，国际河轮市场增长迅猛，国际河轮公司在欧美市场不断增加运力投放的同时，密切关注中国长江河轮市场的发展动向，顶级河轮公司阿玛河轮十分关注长江河轮市场，维京河轮已经进军长江河轮市场，未来长江河轮将可能成为下一个国内邮轮旅游的热点。

（二）三峡游轮旅游态势渐好，河轮旅游的休闲化趋势明显

长江中上游河轮旅游市场主打“三峡游”名片，近年发展态势渐好，逐步由大众型市场向中高端的休闲旅游市场转型。长江河轮市场游轮的舒适化、休闲化、娱乐化趋势明显，并不断淘汰老旧船舶，更换新、舒适、豪华游轮。以豪华游轮（涉外游轮）为代表，游轮服务、餐饮、岸上旅游产品更优、更好。

（三）长江河轮市场重心下移，将聚焦长三角地区寻求突破

长江河轮的中上游市场逐步转型，结合长三角的消费旅游趋势，未来的长江河轮将着眼于经济发达的长江下游，从长三角地区寻求突破。

随着国际邮轮的发展日益成熟，长江河轮逐步发展成为国内邮轮旅游市场的新亮点，市场开发力度不断增强，以世纪游轮联手携程旅游在 2018 年共同拓展长江中下游市场、开辟“南京—武汉”新航线为代表。2017 年 12 月，武汉旅游发展投资集团和招商局中国长江航运集团共同签署了长江河轮母港及长江主轴港航旅游项目，致力于将武汉打造成为长江中游城市群邮轮旅游集散中心，届时，武汉将成为呈上接下的中转点，对长江中下游市场的发展起到良好的承接和推动作用。

第三章 邮轮港口城市

一、中国大陆邮轮港口发展概况

近十多年中国邮轮产业高速发展，国内兴起邮轮港口建造热潮，大陆海岸线上一共有 19 个城市已建成或规划建设邮轮旅游港。其中，天津、上海、厦门、深圳、广州、三亚归为核心港；青岛、连云港、舟山、温州为运营港；大连、烟台、威海、台州、平潭、湛江、海口、北海、防城港为规划港。

表 3–1　中国大陆邮轮港口分类

港口类型	邮轮港	备注
核心港	天津、上海、厦门、深圳、广州、三亚	
运营港	青岛、连云港、舟山、温州	投入运营且具有专用邮轮码头和服务设施的邮轮港口
规划港	大连、烟台、威海、台州、平潭、湛江、海口、北海、防城港	不具有专用邮轮码头，但已规划或正处于建设期的邮轮港，其中包含已接待邮轮业务的港口

资料来源：亚洲邮轮学院整理 2018。

2017 年开港的邮轮母港有深圳蛇口邮轮母港和温州国际邮轮港，同时连云港、福州、北海新增邮轮母港建造计划，而在原有码头的基础上，大连、烟台、北海、广州正在修造新的邮轮母港。福州和大连继上海、天津、深圳、青岛之后，在 2017 年被列为“中国邮轮旅游发展实验区”。

目前中国大陆已经形成了三大邮轮圈：一是以上海为核心的长三角邮轮圈，二是以天津为核心的渤海湾邮轮圈，三是以广州、深圳、厦门为核心的南部邮轮圈，如图 3–2 所示。同时已经形成了以上海为主，北以天津为主，南以广州、深圳和厦门为主的“一主两翼”邮轮城市发展格局。

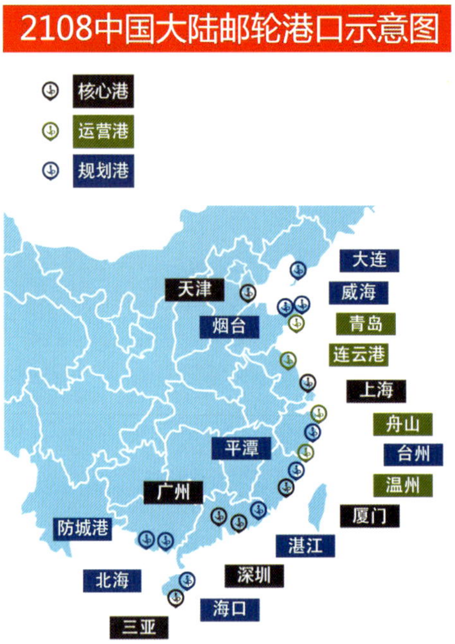

图 3–1　中国大陆邮轮港口布局示意图 2018

资料来源：CCYIA、ACA，2018。

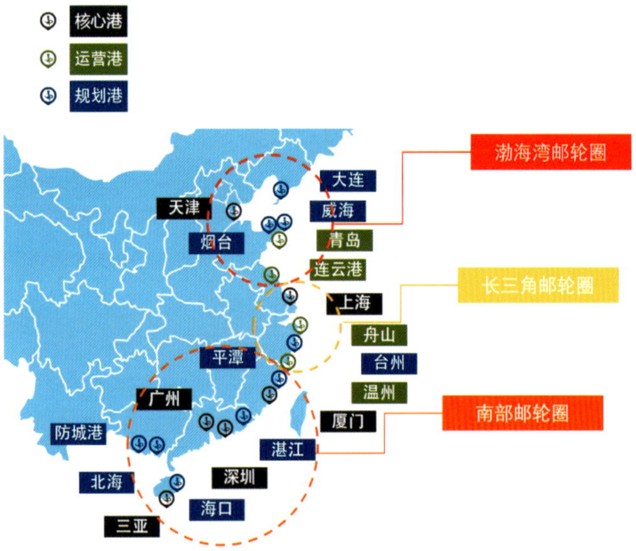

图 3–2　中国大陆三大邮轮旅游圈示意图

资料来源：亚洲邮轮学院整理，2018。

从 2017 年各港口的接待量来看，上海当之无愧地成为中国邮轮产业发展的中心，以 512 个航次、2 978 137 人次的游客吞吐量位居榜首，占据全国邮轮旅游市场 60.1% 的份额。天津以 175 个航次、942 145 人次的旅客吞吐量位居第二，占据 19.0% 的市场份额。广州港以 122 个航次、403 534 人次的旅客吞吐量占据第三的位置。值得一提的是，深圳在蛇口邮轮母港开港的第一年便以 63 个航次、189 041 人次的旅客吞吐量跃居第四位。

各个邮轮港口的发展都不仅仅局限于邮轮港口的建造、泊位的扩建，而是更加利用自身区位和客源优势，提高港口创新服务的同时，深度挖掘邮轮旅游市场，积极探索如何从产业链的角度提升邮轮城市的发展潜力。例如，出台相关邮轮产业扶持计划、推动最新政策的实施、加快通关联检速度、实施邮轮船票制度、邮轮保税供船、维修国际邮轮、成立邮轮产业联盟、“邮轮 + 目的地”的推广模式等，都为邮轮城市的可持续化发展夯实了基础。

二、各个邮轮城市 / 省份发展概要

（一）上海

上海国际客运中心码头			
港口名称：	上海国际客运中心码头	港口城市：	上海
港口性质：	运营港	泊位数量：	3
3/4/5 号泊位长度：	294 米	3/4/5 号泊位水深：	-9 米
靠泊能力：	7 万吨	启用日期：	2008 年

上海国际客运中心码头示意图：

上海吴淞口国际邮轮母港			
港口名称：	上海吴淞口国际邮轮母港	港口城市：	上海
港口性质：	核心港	泊位数量：	4

续表

1 号泊位长度：	420 米	1 号泊位水深：	-12 米
1 号泊位靠泊能力：	20 万吨	1 号泊位启用日期：	2011 年
2 号泊位长度：	354 米	2 号泊位水深：	-12 米
2 号泊位靠泊能力：	10 万吨	2 号泊位启用日期：	2011 年
3 号泊位长度：	380 米	3 号泊位水深：	-11~-9 米
3 号泊位靠泊能力：	22.5 万吨	3 号泊位启用日期：	2018 年
4 号泊位长度：	446 米	4 号泊位水深：	-11~-9 米
4 号泊位靠泊能力：	22.5 万吨	4 号泊位启用日期：	2018 年
2017 年旅客吞吐量	2 978 137 人次	2017 年靠泊量：	512 艘次

上海吴淞口国际邮轮母港示意图：

最新邮轮产业新闻及政策更新：

- 2017 年 12 月，开通邮轮直通车服务，为游客提供便捷的一站式交通出行服务。
- 2018 年 3 月，上海港成为全国首家全面试点邮轮船票制度的港口。
- 2018 年 3 月，上海吴淞口国际邮轮码头二期工程通过交工验收，具备 4 船同靠能力。
- 2018 年 4 月，上海北外滩国客中心迎来第 150 万名入境邮轮游客。
- 2018 年 5 月，上海邮轮母港旅客通关刷新最快纪录。
- 2018 年 5 月，上海启用全国首个邮轮行业服务热线“962060”。
- 2018 年 7 月，上港邮轮城成为国内首个集口岸监管区、国家邮轮旅游实验区。
- 2018 年 7 月，北外滩的“上港邮轮城”获批国家 4A 级景区。
- 2018 年 7 月，上海吴淞口国际邮轮港首次迎来三船同靠。
- 2018 年 7 月，上海吴淞口国际邮轮港迎来第 1000 万名邮轮游客。
- 2018 年 7 月，国内第一档邮轮电视栏目《爱・邮轮》开播。

（二）天津

天津国际邮轮母港			
港口名称：	天津国际邮轮母港	港口城市：	天津
港口性质：	核心港	泊位数量：	4
泊位水深：	-11.5 米	靠泊能力：	22.35 万吨
1 号泊位长度：	312.5 米	1 号泊位启用日期：	2016 年 7 月
2 号泊位长度：	312.5 米	2 号泊位启用日期：	2016 年 7 月
3 号泊位长度：	234 米	3 号泊位启用日期：	2017 年 5 月
4 号泊位长度：	208 米	4 号泊位启用日期：	2017 年 5 月
2017 年旅客吞吐量	942 145 人次	2017 年靠泊量：	175 艘次

天津国际邮轮母港示意图：

最新邮轮产业新闻及政策：

➢2017 年 5 月，天津港国际邮轮码头 3 号、4 号泊位对外开放。

➢2017 年 9 月，“亚太邮轮配送基地”第一单货物在天津东疆保税区成功离岸。

➢2018 年 2 月，天津港口岸首个船舶岸电项目完成核准。

➢2018 年 4 月，天津邮轮母港首次实现三艘豪华邮轮同时靠泊。

（三）广州

广州南沙邮轮母港			
港口名称：	广州南沙邮轮母港	港口城市：	广州
港口性质：	核心港	泊位数量：	4
1 号泊位长度：	445 米	1 号泊位水深：	-11.5 米

续表

1 号泊位靠泊能力：	22.5 万吨	1 号泊位启用日期：	2019 年
2 号泊位长度：	325 米	2 号泊位水深：	-10.5 米
2 号泊位靠泊能力：	10 万吨	2 号泊位启用日期：	2019 年年初
2017 年旅客吞吐量	403 534 人次	2017 年靠泊量：	122 艘次

广州南沙邮轮母港示意图：

最新邮轮产业新闻及政策更新：

➢2016 年 12 月，广州市政府出台《关于加快广州国际邮轮产业发展的若干措施》。

➢2017 年、2018 年，连续两年召开广州邮轮发展圆桌会议，助力广州邮轮产业发展。

➢2019 年，广州邮轮母港建设预计 2019 年四季度将正式投入使用。将建成 10 万吨邮轮泊位 1 个，22.5 万吨邮轮泊位 1 个，成为国内最大的邮轮母港之一。

➢2018 年 5 月，由广州市南沙区政府、中国交通运输协会邮轮游艇分会、广州中交邮轮母港投资发展有限公司共同倡议发起“广州邮轮产业联盟”正式成立。

（四）深圳

深圳蛇口邮轮母港			
港口名称：	蛇口邮轮母港	港口城市：	深圳
港口性质：	核心港	泊位数量：	2
1 号泊位长度：	410 米	1 号泊位水深：	-10.7 米
1 号泊位靠泊能力：	22 万吨	1 号泊位启用日期：	2016 年 11 月
2 号泊位长度：	354 米	2 号泊位水深：	-10 米
2 号泊位靠泊能力：	10 万吨	2 号泊位启用日期：	2016 年 11 月
2017 年旅客吞吐量	189 041 人次	2017 年靠泊量：	63 艘次

续表

深圳蛇口邮轮母港示意图： 
最新邮轮产业新闻及政策更新： ➢2016 年 11 月，深圳蛇口邮轮母港开港，成为华南地区唯一集“海、陆、空、铁”于一体的现代化邮轮母港，正在并将继续利用前海蛇口自贸区和邮轮旅游发展试验区先试先行政策，通过邮轮母港功能业态的不断完善、商业模式的逐步升级，实现“船、港、城、游、购、娱”一体化运作。 ➢2017 年底，深圳蛇口港接待量超过 18 万人次，母港加访问港数量为 63 个艘次，开港第一年接待量便跃居全国第四，成为我国海岸线上众多邮轮母港中的一匹黑马。

（五）青岛

青岛邮轮母港			
港口名称：	青岛邮轮母港	港口城市：	青岛
港口性质：	运营港	泊位数量：	4
1 号泊位长度：	490 米	1 号泊位水深：	-13.9 米
1 号泊位靠泊能力：	22.7 万吨	1 号泊位启用日期：	2015 年 5 月
2 号泊位长度：	146 米	2 号泊位水深：	-7.9 米
2 号泊位靠泊能力：	2.9 万吨	2 号泊位启用日期：	/
3 号泊位长度：	150 米	3 号泊位水深：	-7.9 米
3 号泊位靠泊能力：	2.9 万吨	3 号泊位启用日期：	/
4 号泊位长度：	94 米	4 号泊位水深：	-7.1 米
4 号泊位靠泊能力：	2.9 万吨	4 号泊位启用日期：	/
2017 年旅客吞吐量	109 441 人次	2017 年靠泊量：	63 艘次

续表

青岛邮轮母港示意图：

最新邮轮产业新闻及政策更新：

- 2017 年 2 月，《青岛市建设中国邮轮旅游发展实验区实施方案》出台，青岛将形成独具青岛特色的邮轮旅游发展模式，建成东北亚区域性国际邮轮母港。
- 2017 年 9 月，发布《关于贯彻落实青岛市建设中国邮轮旅游发展实验区实施方案推动邮轮旅游发展的若干措施》。
- 2017 年 9 月，青岛邮轮母港首次迎来三艘邮轮同靠。
- 2017 年 11 月，青岛国际邮轮母港全国率先迈入“无现金缴税”时代。
- 2018 年 3 月，青岛邮轮旅游发展联盟成立。

（六）厦门

厦门国际邮轮中心			
港口名称：	厦门国际邮轮中心	港口城市：	厦门
港口性质：	运营港	泊位数量：	4
0 号泊位长度：	419 米	0 号泊位水深：	-10.5 米
0 号泊位靠泊能力：	15 万吨	0 号泊位启用日期：	2018 年底
1 号泊位长度：	324 米	1 号泊位水深：	-10.5 米
1 号泊位靠泊能力：	8 万吨	1 号泊位启用日期：	2017 年 4 月
2 号泊位长度：	324 米	2 号泊位水深：	-10.5 米
2 号泊位靠泊能力：	8 万吨	2 号泊位启用日期：	2018 年底
3 号泊位长度：	待查	3 号泊位启用日期：	2018 年底
2017 年旅客吞吐量	161 807 人次	2017 年靠泊量：	77 艘次

续表

厦门国际邮轮中心示意图：

最新邮轮产业新闻及政策更新：

➢2017 年 2 月，推出“邮轮 + 目的地”的组合推广模式，不仅让游客乘坐邮轮“走出去”看世界，也要让邮轮旅客“留下来”游厦门。

➢2017 年 6 月，厦门邮轮港完成全国首例邮轮物资“进口直供”“保税供船”操作。

➢2018 年 3 月，厦门邮轮母港迎来“歌诗达新浪漫”号和“挪威宝石”号两艘国际邮轮，呈现 2018 年首次双邮轮同靠盛景。

➢2018 年底，厦门国际邮轮中心将具备接待世界最大 22 万吨级邮轮，同时接待三到四艘中大型邮轮的硬件能力。

（七）大连

大连港国际邮轮中心			
港口名称：	大连港国际邮轮中心	港口城市：	大连
港口性质：	运营港	启用日期：	2016 年 7 月
泊位数量：	1	靠泊能力：	10 万吨
泊位长度：	419 米	泊位水深：	-9.6 米
2017 年旅客吞吐量	69 072 人次	2017 年靠泊量：	31 艘次

大连国际邮轮中心示意图：

续表

最新邮轮产业新闻及政策： ➢2017 年 8 月，大连获批设立“中国邮轮旅游发展实验区”。 ➢2018 年 1 月，大连市邮轮旅游产业促进会成立。 ➢2018 年 3 月，大连市政府发布《关于加快邮轮旅游发展实验区建设的实施意见》。 ➢2018 年 4—6 月，大连港国际邮轮中心 15 万吨级邮轮泊位投入使用，大连港邮轮候船厅通过验收。 ➢2018 年 10 月，大连港国际邮轮中心迎来开港后最大始发邮轮，总吨重 10.25 万吨。 ➢ 预计 2020 年底，新建 15 万吨级邮轮泊位及大连国际邮轮中心竣工。

（八）海口

海口秀英港			
港口名称：	海口秀英港	港口城市：	海口
港口性质：	运营港	泊位数量：	2
17 号泊位长度：	225 米	17 号泊位水深：	–10.2 米
17 号泊位靠泊能力：	1.25 万吨	17 号泊位启用日期：	1991 年
20 号泊位长度：	295 米	20 号泊位水深：	–13.3 米
20 号泊位靠泊能力：	4.5 万吨	20 号泊位启用日期：	2009 年
2017 年旅客吞吐量	26 092 人次	2017 年靠泊量：	32 艘次

海口秀英港示意图：

海口湾南海明珠邮轮港			
港口名称：	海口湾南海明珠邮轮港	港口城市：	海口
港口性质：	规划港	启用时间：	未定

续表

海口湾南海明珠邮轮港示意图： 
最新邮轮产业新闻及政策更新： ➢2018 年 4 月，海口发布“海口湾南海明珠邮轮港旅游综合开发人工岛项目”，全岛规划以“生态 + 科技”为理念，以“全球独一无二旅游胜地”为主题，致力于将海口湾南海明珠邮轮港旅游综合开发人工岛打造成集“旅游度假”与“智慧生态”相关产业于一体的未来国际化综合旅游目的地。

（九）舟山

舟山国际邮轮港			
港口名称：	舟山国际邮轮港	港口城市：	舟山
港口性质：	运营港	启用日期：	2014 年 10 月
泊位数量：	1	靠泊能力.	15 万吨
泊位长度：	356 米	泊位水深：	-12 米
2017 年旅客吞吐量	30 619 人次	2017 年靠泊量：	15 艘次
舟山国际邮轮港示意图： 			

续表

最新邮轮产业新闻及政策：
➢2017 年 12 月，常石集团在舟山开造全中国第一艘邮轮。
➢2018 年 3 月，舟山市政府与中交海洋投资控股有限公司正式签订《邮轮产业合作框架协议》。
➢2018 年 4 月，舟山中远船务首次承接豪华游轮维修保养业务。

（十）三亚

三亚凤凰岛国际邮轮港			
港口名称：	三亚凤凰岛国际邮轮港	港口城市：	三亚
港口性质：	运营港	泊位数量：	3
2 号泊位长度：	370 米	2 号泊位水深：	-10 米
2 号泊位靠泊能力：	8 万吨	2 号泊位启用日期：	2006 年 11 月
3 号泊位长度：	432 米	3 号泊位水深：	-11.6 米
3 号泊位靠泊能力：	15 万吨	3 号泊位启用日期：	2015 年 8 月
4 号泊位长度：	399 米	4 号泊位水深：	-11.6 米
4 号泊位靠泊能力：	15 万吨	4 号泊位启用日期：	2017 年 1 月
2017 年旅客吞吐量	40 049 人次	2017 年靠泊量：	12 艘次

三亚凤凰岛国际邮轮母港示意图：

最新邮轮产业新闻及政策更新：
➢2017 年 8 月，三亚凤凰岛国际邮轮港二期工程 3 号、4 号泊位通过初步验收，可停靠目前世界上所有型号的国际豪华邮轮，年接待能力可达 200 万人次以上。
➢2018 年 4 月，海上巴士凤凰岛站点正式开通，标志着海上巴士将积极助力三亚凤凰岛国际邮轮母港的建设。

（十一）温州

温州国际邮轮港			
港口名称：	温州国际邮轮港	港口城市：	温州
港口性质：	运营港	启用日期：	2017 年 12 月
泊位数量：	1	靠泊能力：	10 万吨
泊位长度：	343 米	泊位水深：	-12 米以上
2017 年旅客吞吐量	5008 人次	2017 年靠泊量：	1 艘次

温州国际邮轮港示意图：

温州港最新邮轮产业新闻及政策更新：

➢2017 年 12 月，温州国际邮轮港引来首次试运营，地中海抒情号从温州港启航。

➢2018 年 8 月，温州国际邮轮港正式开启常态化运营，计划截至 2018 年底，共安排 6 个航次。

（十二）烟台

烟台港			
港口名称：	烟台港	港口城市：	烟台
港口性质：	规划港	泊位数量：	3
17 号泊位长度：	180 米	17 号泊位水深：	-10 米
17 号泊位靠泊能力：	7 万吨	17 号泊位启用日期：	/
51 号泊位长度：	300 米	51 号泊位水深：	-17 米
51 号泊位靠泊能力：	15 万吨	51 号泊位启用日期：	/
61 号泊位长度：	270 米	61 号泊位水深：	-14 米

续表

61号泊位靠泊能力：	10万吨	61号泊位启用日期：	/

烟台港示意图：

最新邮轮产业新闻及政策更新：
➢2018年1月，烟台国际邮轮母港工程列入计划，母港工程2019年5月开工建设，2020年建成投产。
➢2018年2月，烟台启动芝罘湾国际邮轮母港工程等33个重点项目推进。
➢2018年5月，环球邮轮“世鹏旅居者”号首靠烟台港。

（十三）连云港

连云港国际客运站			
港口名称：	连云港国际客运站	港口城市：	连云港
港口性质：	规划港	启用日期：	2018年4月

连云港国际客运站示意图：

续表

最新邮轮产业新闻及政策更新： ➢2018 年 4 月，由连云港港口控股集团与钻石邮轮公司、南京中旅共同成立了“连云港东方邮轮发展有限公司”，共同打造连云港国际邮轮母港、江苏国际邮轮第一港。 ➢2018 年 4 月，连云港首开国际邮轮母港航线。

（十四）北海

广西北海邮轮码头			
港口名称：	广西北海邮轮码头	港口城市：	北海
港口性质：	规划港	泊位数量：	2
1 号泊位长度：	354 米	2 号泊位水深：	-9 米
1 号泊位靠泊能力：	5 万吨	1 号泊位启用日期：	2018 年底
2 号泊位长度：	249 米	2 号泊位水深：	-7.5 米
2 号泊位靠泊能力：	2 万吨	2 号泊位启用日期：	2018 年底

广西北海邮轮码头示意图：

最新邮轮产业新闻及政策更新：

➢2017 年 7 月，广西北海邮轮母港开工建设。北海邮轮母港项目是实施北海石步岭港区转型升级的核心项目，对完善北海市乃至北部湾港旅游功能，打造北部湾滨海旅游休闲度假区，提升港口城市的国际影响力和竞争力，具有重要的意义。

（十五）中国香港

香港启德邮轮码头			
港口名称：	香港启德邮轮码头	港口城市：	香港
港口性质：	运营港	泊位数量：	2
1 号泊位长度：	455 米	1 号泊位水深：	-12~-13 米

续表

1号泊位靠泊能力：	22万吨	1号泊位启用日期：	2013年6月
2号泊位长度：	395米	2号泊位水深：	-13~-12米
2号泊位靠泊能力：	22万吨	2号泊位启用日期：	2016年1月

香港启德邮轮码头示意图：

香港海运码头

港口名称：	香港海运码头	港口城市：	香港
港口性质：	运营港	泊位数量：	2
北泊位长度：	320米	北泊位水深：	-8.5米
北泊位靠泊能力：	5万吨	北泊位启用日期：	1966年
南泊位长度：	380米	南泊位水深：	-10米
南泊位靠泊能力：	约10万吨	南泊位启用日期：	1966年

香港海运码头示意图：

最新邮轮产业新闻及政策更新：

➢2018年2月，位于海港城的香港海运码头扩建后投入使用。

（十六）中国台湾

台湾基隆港			
港口名称：	台湾基隆港	港口城市：	基隆
港口性质：	运营港	泊位数量：	2
东 2–4 泊位长度：	558 米	东 2–4 泊位水深：	–9 米
东 2–4 泊位靠泊能力：	16 万吨	东 2–4 泊位启用日期：	/
西 2–4 泊位长度：	550 米	西 2–4 泊位水深：	–9 米
西 2–4 泊位靠泊能力：	22 万吨	西 2–4 泊位启用日期：	/
台湾基隆港示意图：			

台湾台中港			
港口名称：	台湾台中港	港口城市：	台中
港口性质：	运营港	泊位数量：	3
8A 泊位长度：	265 米	8A 泊位水深：	–11 米
8A 泊位靠泊能力：	7 万吨	8A 泊位启用日期：	/
19A 泊位长度：	274 米	19A 泊位水深：	–9 米
19A 泊位靠泊能力：	7 万吨	19A 泊位启用日期：	/
30/31 泊位长度：	640 米	30/31 泊位水深：	–14 米
30/31 泊位靠泊能力：	22 万吨	30/31 泊位启用日期：	/

续表

台湾台中港示意图：

台湾高雄港			
港口名称：	台湾高雄港	港口城市：	高雄
港口性质：	运营港	泊位数量：	2
17-21 泊位长度：	726 米	17-21 泊位水深：	-10.5 米
17-21 泊位靠泊能力：	22 万吨	17-21 泊位启用日期：	/
8-10 泊位长度：	442 米	8-10 泊位水深：	-10.5 米
8-10 泊位靠泊能力：	16 万吨	8-10 泊位启用日期：	/

台湾高雄港示意图：

续表

台湾花莲港			
港口名称：	台湾花莲港	港口城市：	花莲
港口性质：	运营港	泊位数量：	1
23/24 泊位长度：	543 米	2/3 泊位水深：	–14 米
靠泊能力：	16 万吨	启用日期：	

台湾花莲港示意图：

第四章 邮轮建造与修理

一、邮轮建造

2017 年 2 月 22 日，中船工业集团和美国嘉年华集团、意大利芬坎蒂尼集团在北京签署了中国首艘国产大型邮轮建造备忘录协议（MOA），标志着国产邮轮项目迈出了又一实质性步伐。中国国家主席习近平和意大利总统马塔雷拉见证了文件签署。根据协议，中船联合嘉年华组建的邮轮船东运营合资公司向中船与芬坎蒂尼合资的邮轮建造公司下单，订造两艘 Vista 级大型邮轮，并拥有另外 4 艘大型邮轮的订单选择权，邮轮将在中船旗下的外高桥造船建造，此次协议的 2+4 艘订单预计超过 300 亿元。

2017 年 7 月 7 日，挪威 Fosen 船厂宣布和江苏韩通船舶重工签署向书，将组建合资公司建造客滚船、滚装船和邮轮。根据协议内容，韩通船舶重工确保 Fosen Hantong 具有高品质的建造能力和财政实力，并在需要的情况下提供融资。Fosen 船厂则通过拥有的市场资源，专业技术、工艺和运营解决方案为 Fosen Hantong 在滚装船、客滚船和邮轮领域提供全范围先进项目。

2018 年 3 月 6 日，招商局第一个豪华邮轮制造的配套项目开工仪式在招商工业江苏海门基地举行。该配套项目总投资 5.2 亿元，总建筑面积 3.2 万平方米，占地约 48 亩，建设周期半年。该项目是招商工业围绕招商局豪华邮轮战略，在江苏重工现有海工、探险邮轮建造设施的基础上，结合大型豪华邮轮的建造要求，进行整体规划。该项目还着眼于现代造船技术，建成后将采用包括围壁焊接机器人在内的多种先进造船设备，进一步推进造船工艺的信息化、智能化，推动集团先进装备制造产业发展。

2018 年 3 月 16 日，招商重工（江苏）有限公司举办了极地探险邮轮开工仪式，此次建造的极地探险邮轮是招商重工与美国探险型公司 SUNSTONE 于 2017 年 4 月 27 日签署的订单，前期生效两艘。这是我国承建的首艘豪华邮轮。这艘破冰级别达到 1A 的探险游轮，符合最新极地参数标准和安全返港等相关规范要求，可以行经高纬度地区。

船舶采用电力推进和先进的控制系统，在船型设计、室内布置、噪声舒适性和能源消耗等方面有一定的技术优势。该船采用挪威 ULSTEIN 设计及解决方案，在海浪中具有较高的稳定性，保证船舶在相对恶劣的海况下比传统船舶受到海浪导致的垂直震动影响更小，最大程度减小波浪飞溅，避免甲板湿滑、结冰，从而顺利维持航线和航速。船舶规范如表 4–1 所示。

表 4–1 招商重工开工建造的极地探险邮轮规范参数

舱房数量	总长（米）	型宽（米）	吃水（米）	服务航速	破冰级	基地规范	船级社	船籍国	造价（美元）
80~95 间	104	18.2	5.1	15 节	1A	PC6	BV（法国船级社）	巴哈马	6500 万

资料来源：招商重工（江苏）有限公司。

这艘极地探险邮轮是由招商局工业集团与美国客船运营商签订建造 10 艘极地探险邮轮合同的首制船。招商局重工（江苏）有限公司是招商局工业集团的下属公司。

该邮轮船队的酒店是由 TOMAS TILLBERG 公司设计的，他们是一家在国际邮轮设计领域享誉盛名的邮轮设计公司，长期与 SUNSTOME 公司合作。

客舱及内部公共区域是与芬兰 MAKINEN 合作。MAKINEN 成立于 1992 年，是一家国际性的内装大包公司，主要服务的领域在新造船、翻新、公共区域及卫生单元的施工上，在船厂成功完成过超过 5000 个知名豪华邮轮项目。此次的新船由 MAKINEN 负责新船所有内装工程，以高标准来完成船东方的委派，同时派出一支团队将在招商局重工建设车间设施。

邮轮建造是造船产业皇冠上的明珠，而此前该产业均被垄断在欧洲造船企业的手中，中国在此间市场处于空白。意大利芬坎蒂尼、德国迈尔造船厂和法国大西洋造船厂是全球排名前三邮轮建造企业，共承接全球约 90% 的订单。我国一直尝试去克服难点，学习邮轮建造的核心技术，从而构建完整的邮轮产业体系。攻关豪华邮轮的自主设计建造，也是中国造船业从传统制造业转型为高端装备制造业的内在需求。虽有 2016 年日本三菱重工在邮轮建造上大额亏损的前车之鉴，但我国的中船重工，招商局工业集团等企业依旧顶浪而行。

二、邮轮修理

2017 年是个邮轮修理大年且遍地开花，有歌诗达赛琳娜号、海洋赞礼号、中华泰山号、歌诗达新浪漫号、天海新世纪号、歌诗达大西洋号、PEACEBOAT、天秤星号及宝瓶星号等邮轮，共计 9 艘。其中除 PEACEBOAT 是专程进入中国进行修理工作的，其余邮轮占在华营运总量的60%。分别由上海华润大东船务公司承修3艘、舟山中远海运船务公司承修2艘、舟山万邦永跃公司承修1艘、深圳友联船厂承修2艘、澄西船厂承修1艘。

中国就豪华邮轮的修理工作自2015年起上海华润大东开始尝试，从最初提供钢结构，服务类工程到如今提供关键设备的维护保养、船体清洁、内装施工等工程，开始在豪华邮轮的修理工程中进行全面介入；也在两年之间从有能力承修豪华邮轮的1家船厂发展到现在的6家，分布在中国华东和华南地区。

2017年4月，舟山中远海运承接天海新世纪轮，4月28日进厂，5月1日离厂。该轮主要工程是外板油漆修补；两只螺旋桨拆解保养；5台侧推拆解保养；更换两台舵机；16台救生艇下地保养，艇架保养；游泳池下方钢结构换新，泳池边防水柚木地板换新；酒店海景房阳台隔断换新，等等。其中舵机、侧推、螺旋桨、救生艇的功能服务商均由船东自己安排，酒店升级改造也是由船东安排的专业队伍。顺利完成了坞修工程，得到了船东的高度认可，相对新加坡船厂有着更好的硬件设施，生产管理及技术团队成熟。

舟山中远海运成立了豪华邮轮修理项目小组，其中针对邮轮的价格体系、市场开发、生产管理、技术准备等做过大量的工作，也组织过相关邮轮配套设备厂家来厂进行培训，尤其是在技术团队方面锻炼了一批年轻的生力军。

2018年1月，深圳友联承修丽星邮轮宝瓶星轮，工程有船壳水线下部分进行100%除锈，喷涂硅胶油漆；船壳板部分换新修复，厨房、洗碗间地板钢结构换新，客舱、厨房、烘焙间、洗碗间等处所辅助工程，不锈钢薄板换新；户外天花板及烟囱包覆层采用铝制薄板换新；柚木门换新；舵叶拆装，尾轴工程，换新液压联轴节，换新桨毂，桨叶检修；艏侧推桨叶常规检修；锚链局部换新，锚穴结构换新；支持船平台液压门系统检修；救生艇支撑臂局部换新修复；全部机舱风机解体，马达保养；大量舱室清洁保养检查。以上工程均由厂方自行施工，且整体工期仅有12天，在顺利完工的同时也收到了丽星邮轮公司的高度好评。

从修理工程上看，豪华邮轮与普通商船在轮机、甲板和电器方面没有过多的区别，在技术上豪华邮轮的修理更注重整体的协调性和时效性，船东希望尽可能地在一个坞期内完成工作，即进厂进坞，出坞出厂，这对修船厂的项目管理的要求更高，也对管理人员和人才储备更为关注。深圳友联船厂针对邮轮特点，对厂内施工人员进行了整体培训，笔试进行遴选，对合格人员进行再强化训练，整体提高了人员素质。经过两条邮轮的实战经验，筛选出一批精兵强将，很好地为今后承接邮轮打下了坚实的基础。

经过研究和分析，2017年的豪华邮轮修理上又增加了一个新的工程，这是在国际邮轮修理市场常见但在我国较少出现的一项工艺技术：超高压水外壳清洗工程。在原本的中国修船工艺中，通常是以喷砂的方式进行船壳表面除漆工作的，但对于豪华邮轮来说，其露天区域、阳台等很多，喷砂一是具有环境污染的问题，二是无法控制砂丸及灰色的飞溅，一旦使用了喷砂的工艺则代表了整艘邮轮在常规修理后需要进行整船的清洁，这个时间及费用的花费是不可预估的。2017 年自上海华润大东开始使用了这类技术后，在华修理的 9 艘豪华邮轮中有 7 艘应用了新型的技术。更有上海华润大东、深圳友联及舟山万邦永跃船厂在超高压水清洗的技术上，使用了智能性操控，体现了邮轮修理上的高科技和智能化。

2017 年 2 月—2018 年 2 月豪华邮轮在华修理情况表如表 4–2 所示。

表 4–2　2017 年 2 月—2018 年 2 月豪华邮轮在华修理情况表

时间	船名	承修厂
2017 年 2 月	歌诗达赛琳娜号	上海华润大东船厂
2017 年 2 月	中华泰山号	广州黄埔文冲船厂
2017 年 4 月	海洋赞礼号	舟山中远海运船厂
2017 年 10 月	天海新世纪号	舟山中远海运船厂
2017 年 12 月	PEACE BOAT	舟山万邦永跃船厂
2017 年 12 月	歌诗达新浪漫号	上海华润大东船厂
2017 年 12 月	歌诗达大西洋号	上海华润大东船厂
2018 年 1 月	丽星双鱼星号	深圳招商局友联船厂
2018 年 2 月	丽星宝瓶星号	深圳招商局友联船厂

资料来源：亚洲邮轮学院整理，2018。

近年来，我国邮轮产业呈现爆发式增长态势，越来越多的邮轮公司开始将中国作为邮轮母港，上海、天津、青岛、深圳等地的邮轮母港正运营得如火如荼。在这一过程中，豪华邮轮的改造、维修、保养等需求也随之产生。1 艘豪华邮轮每 3~5 年就需要进行一次大型翻新改造。目前，国内邮轮翻新修理市场存在着较大机遇。如果每次入坞的成本是 500 万 ~1000 万美元，每年有 20~25 艘在华常年运营的豪华邮轮，则平均每年有 4~5 次坞修，会带来 2000 万 ~5000 万美元的豪华邮轮翻新、改造市场估值；随着豪华邮轮产业的飞速发展、运营豪华邮轮数量的不断增加以及在这一过程中“中国因素”的增强，豪华邮轮在“本土化”翻新、修理领域存在巨大的市场机遇。目前，中国修船企业在豪华邮轮的翻新、修理方面已经积累了一定的经验，越来越多的修船企业开始涉足豪华邮轮翻新、修理市场。同时，随着中国修船企业综合实力不断增强，越来越多的豪华邮轮开始选择在中国进行翻新、修理工作，这给中国的各大船舶修理厂带来了更大的机遇与挑战。

第五章 邮轮产业服务

一、人力资源

2017 年有 15 艘邮轮在中国范围内运营，在中国豪华邮轮产业井喷式的发展下各邮轮公司对中国籍船员有着迫切的需求。根据 SOLAS 公约的规范，豪华邮轮在开航前需要对全体乘客进行救生逃生演习，目前在华运营的船皆悬挂方便旗，船上主要工作语言为英语，所以邮轮公司及邮轮需要对乘客进行有效的培训和规范，以防止因语言不通而发生的意外。在这样的情况下，必须配备甲板部的副船长以及安全官，同时为了更好地服务乘客，需配备中国籍的保安员以及女性保安员。

在这个大环境下，特定的中国籍船员的需求就凸显出来了，目前国内能够对外进行的船员培训及输出的公司有华洋、中江、森海等。每家船员公司都有特定的输送市场，如华洋对口输送地中海邮轮；森海向公主邮轮、歌诗达邮轮、嘉年华邮轮以及新加坡新世纪邮轮输送；中江与诺唯真邮轮进行长期合作。

目前国内对邮轮公司输送的船员仍以酒店部和娱乐部为主。

学员报名后，船员公司会根据邮轮公司的要求，对其身体状况、性格态度、英文水平和专业技能等进行严格筛选；通过初试的学员会接受专项培训培训，培训内容一般包括邮轮企业文化、具体工作职责、邮轮专业英文和邮轮服务技能等；对被邮轮公司录取的学员，为保证其船员职业的基本权利，会在海事培训期间或出境前对其进行邮轮安全常识、船员外派合同条款、船东规章制度、所到国法律法规、出境注意事项等培训。经统计和分析，新学员在大型船员公司的初面通过率为 80%~90%，考核培训通过率为 99%，邮轮公司面试通过率为 60%~70%。

中国对外输送船员也有几个年头了，邮轮公司对中国的海乘的一般反馈是积极的，尤其对整体素质、服从性和吃苦耐劳方面是给予充分肯定的；但中国的海乘英语能力仍是瓶颈，在环境融入以及生活沟通上带来了不便，这也令其难以在船上获得晋升，邮轮上又是个小世界，中国的海乘对异国文化的接受能力需要加强，要学会对不同文化的理解和包容。

长远来看，中国的邮轮事业将继续蓬勃发展，我国终将迎来邮轮全产业链“迎进来，本土化，走出去”的产业历程；考虑到邮轮在将来的发展，仅仅将目光集中在豪华邮轮的服务人员的派遣和船员的派遣还是不够的，我们需要有前瞻意识，在培养和输送邮轮高端管理人才、供应链、邮轮管理体系方面下更多的工夫；豪华邮轮是个复合型产品，需要各种复合型人才，具有丰富的邮轮实操经验、精通多种语言、受过良好教育的人才终会在邮轮的舞台上绽放光彩。

二、邮轮船供

2017 年我国不断建设新的邮轮母港，在中国始发和访问的豪华邮轮数量不断上升，在这个趋势下邮轮供应的业务也在不断增长。目前靠泊国内港口的大型邮轮公司有皇家加勒比、诺唯真、地中海、歌诗达及丽星邮轮。国内的邮轮供应商也开始一步步提供更多供应服务。中国的船舶物供供应一直以机舱、甲板、电器、救生消防等部分为主，在酒店及餐食供应参与的不多，这也是由于对于船东需求不了解，对冷链供应不熟悉。邮轮供应主要是物料（酒店、轮机、甲板、电器易耗品）和伙食产品，而伙食产品占的比例约为 60%。

经过对一些邮轮物供公司的访问和数据采集，可以看到在中国运营的邮轮在本土的物资采购上每年都进行增长。就 PACIFIC CRUISE 公司提供的数据来看，其于 2013 年开始进行邮轮物资供应，先后服务于丽星邮轮、地中海邮轮以及诺唯真邮轮，从甲板、轮机物料的采购，到酒店易耗品的供应，从一个传统的船舶物料备件供应服务，转型到了综合性极强的豪华邮轮供应服务。

对于邮轮公司来说，供应商的选择条件主要是服务与产品质量。能够在全国、亚太及全球范围内提供物料的供应商无疑会给邮轮公司带来极大的便利，这也是物供商的核心竞争力，能够又快又好及全面地提供豪华邮轮所需要的产品。

目前国内的大型邮轮母港有上海宝山、天津、青岛、大连、厦门和深圳邮轮港，主要成熟的邮轮母港有上海、天津和厦门。物供的配送的难易与一个港口的政策与措施息息相关。例如，吴淞口的车辆二维码要当天才能收到，有时可能由于一家供应商车辆信息没有上传，导致所有当天的供应商都要等候，这个不仅仅浪费了一家公司的时间，更是影响到整个作业结束的时间。所以，简化程序目前是物供急需解决的一个问题。

三、邮轮技术

（一）卫星网络

卫星通信是邮轮主要通信方式，随着邮轮吨位越来越大，每艘邮轮载客数量越来越多，对网络通信需求也越来越高。中国旅客日常对网络应用依赖重，平时微信、上网应用多，对网络通信质量需求越来越高。

邮轮卫星通信的采用，越来越需求高能量卫星，主要为C、KU、KA频段卫星。近年来国外与国内邮轮都采用高能量卫星，国外O3B网络公司提供的低轨高能量卫星，网速最高可达10G，目前主要有皇家加勒比邮轮公司、云顶集团的星梦邮轮等大型邮轮采用。国内以中国卫通集团有限公司2017年4日发射的中星16号（KA）与亚太卫星宽带通信有限公司计划2019年发射的亚太6D（KA/KU）为代表的高通量卫星在中国未来邮轮提供高能量卫星服务。

中国邮轮卫星通信多采用KU卫星通信服务，随着KA高通量卫星的商用，中国邮轮卫星通信更快地提供高速高带宽的环境。目前邮轮卫星通信服务主要由二级通信服务商与卫星运营商合作提供，在通信与应用服务上提供运营保障。

（二）信息系统

豪华邮轮上的信息系统是负责运营管理的，是为了解决邮轮运营中信息管理，从邮轮运营的船票营销设计、航线设置、船票预订与销售平台（终端销售、代理商销售等）、客户关系管理、签到管理、登船管理、酒店管理（舱房）、消费系统（收银）、物资管理、餐饮管理、船员管理、移动服务系统、数据分析等。

目前全球市场上的主要厂家如下所示。Fidelio：其于1987年10月在德国慕尼黑成立，是老牌邮轮运营系统厂商，在邮轮运营管理系统市场占有率最高，性能稳定，功能全面，但架构老，主要采用C/S架构，运营服务成本高，2014年ORACLE收购了MICROS Systems（Fidelio）。

IBS：是一家专门为航空、机场、邮轮、货运、石油等企业提供信息系统的服务商。

Resco：是一家专业的邮轮运营管理系统公司，总部设立在澳大利亚，主要包含CRM、CRS、PMS三大模块，主要采用B/S架构，适用于各种终端，包含计算机、平板、手持设备等，有很好的交互。

VONE：是中国最早开发邮轮运营信息系统的中国本地公司，于2014年成立于珠海，为邮轮、船舶企业提供一体化的定制邮轮运营信息管理系统（VCOS），主要采用B/S架构，采用安全、开源、高效的Linux、Java、PHP环境，支持多国语，支持计算机、手持、平板等多种方式，适合于中国体验的交互界面、功能与中国本地化服务，并突出软件与硬件的集成解决方案。

除了酒店管理系统外，邮轮上也延续商船上的 PMS 系统进行轮机和甲板部的维护保养管理，国际邮轮一般使用 AMOS、IB、VMOS 等厂家，中国目前很多船舶使用 COSCON – SMIS、赢海科技、陆海科技等。

邮轮上的消费娱乐部分，其中包含邮轮娱乐场（博彩）、酒吧酒廊、剧场、厅、AR/VR、美容养生、康体设施等各娱乐设施，每项娱乐设施有厂家提供的运维管理系统，在运营消费管理方面进行统一管理。开放端口嫁接至邮轮公司所使用的信息管理系统，即由 Fidelio、IBS、Resco、VONE 等进行统一管理。

（三）码头管理系统

中国目前共有 15 个邮轮码头，还有 6 个正在建设邮轮码头，现有邮轮码头信息化建设刚起步，还没有完善的邮轮码头管理系统。目前吴淞口邮轮码头正计划在近 2 年规划建立智慧邮轮码头，部署完善的邮轮码头系统。国内专业领域的科技公司也正在对国内国外邮轮码头信息管理系统进行调研，预计很快就能够提供完善的邮轮码头信息解决方案。

（四）邮轮运营系统

我国国内邮轮运营刚起步，自 2013 年海航的海娜号邮轮、2014 年渤海邮轮的中华泰山号邮轮、2015 年天海邮轮的天海新世纪邮轮、2016 年的钻石邮轮的辉煌号邮轮共 4 艘邮轮，其中仅有中华泰山号邮轮与钻石辉煌号邮轮进行自主管理，但在信息管理系统上仍是使用国外运营管理系统。

国内只有一家企业在进行豪华邮轮信息化工程的国产化工作，珠海泛网科技 2014 年开始自主研发邮轮运营管理系统，目前从船票营销设计、航线设置、船票预订与销售平台（终端销售、代理商销售等）、签到管理、登船管理、酒店管理（舱房）、消费系统（收银）、物资管理、餐饮管理、船员管理、移动服务系统模块已研发完成，并在部分邮轮与中韩豪华轮渡上应用，在邮轮信息化方面进行了国产化。

第六章
邮轮旅游实验区

一、邮轮旅游发展实验区

邮轮旅游发展实验区是指由国家旅游局批准设立的，依托当地丰富的港口资源、旅游资源和区位优势，以邮轮母港建设为核心而成片开发的面向国内外游客的集旅游运营、餐饮购物、免税贸易、酒店文娱、港口地产、金融服务等于一体的综合服务区。截至目前，我国已设立 6 个邮轮旅游发展实验区。

➢2012 年 9 月上海（宝山区、虹口区）邮轮旅游发展实验区成立。

➢2013 年 4 月天津邮轮（滨海新区）旅游发展实验区成立。

➢2016 年 5 月深圳（蛇口）邮轮旅游发展实验区成立。

➢2016 年 5 月青岛邮轮旅游发展实验区成立。

➢2017 年 7 月福州邮轮旅游发展实验区成立。

➢2017 年 8 月大连邮轮旅游发展实验区成立。

（一）上海邮轮旅游发展实验区

“上海邮轮旅游发展实验区”于 2012 年 9 月 15 日在宝山吴淞口国际邮轮港正式揭牌，这是中国首个邮轮旅游发展实验区。邮轮旅游的发展对上海市经济社会发展的带动作用是多元的。它促进了上海市的航运物流体系建设、旅游人才培养、邮轮研发等“旅游产业链”各环节的良性互动；另外，上海市作为港口城市，在发展邮轮旅游的过程中，可以通过邮轮企业和邮轮乘客购买产品、服务，推进上海市服务业的发展。近年来上海中国邮轮旅游发展实验区建设取得新的突破，邮轮接靠、运营保障、政策创新、项目推进、产业延伸、港城联动、合作共赢等方面都有新的进展。

（二）天津邮轮旅游发展实验区

2013 年 4 月，国家旅游局批复同意在天津滨海新区设立中国邮轮旅游发展实验区。天津以邮轮母港客运大厦及码头区域为中心，设立实验区核心区，总规划面积 528 公顷。这标志着天津国际邮轮旅游纳入了国家发展战略，邮轮产业进入了创新发展、引领发展、融合发展的新阶段。近年来，天津大力发展邮轮旅游，建设国内规模最大的国际邮轮母港。目前，诺唯真、皇家加勒比、歌诗达、公主、地中海等邮轮公司都已在天津开辟了母港航线。

（三）深圳邮轮旅游发展实验区

2016 年 5 月 18 日，国家旅游局办公室同意在深圳南山蛇口工业区太子湾设立“中国邮轮旅游发展实验区”，实验区占地面积 9.4 平方公里。太子湾邮轮发展实验区的确立，有助于深圳在邮轮产业发展中享受政策红利，促进“前港—中区—后城”的空间发展模式快速落地，以邮轮母港建设为核心，全力打造集旅游运营、餐饮购物、免税贸易、酒店文娱、港口地产、金融服务等于一体的邮轮产业链；同时有利于探索以邮轮母港为核心，全方位、全产业链建设集航运、口岸、商业地产、周边配套、旅游配套、国际物流中转、海工修造配套、免税服务、金融服务于一体的邮轮母港，实现“船、港、城、游、购、娱”联动发展的特色化邮轮产业发展模式。

（四）青岛邮轮旅游发展实验区

2016 年 5 月 16 日，在第四届中国（青岛）国际邮轮峰会开幕式上，经中国国家旅游局批准，青岛正式挂牌成立“中国邮轮旅游发展实验区”。青岛将完成青岛国际邮轮港综合规划，完善邮轮港基础配套设施建设，构建高效、务实的邮轮经济推进协调机制和邮轮产业信息平台，形成科学、合理的邮轮产业布局，发挥邮轮城带动经济发展、增强区域功能、提升城市形象的作用，建成东北亚区域性国际邮轮母港。青岛计划培育一批专业化的邮轮业务人才与企业，完善邮轮经济服务体系与配套开发项目，积极开发设计一批有吸引力的邮轮旅游产品与线路，强化区域市场培育，积极组织国内外营销推广，在推动邮轮产业全面快速发展等方面发挥改革创新示范作用。

（五）福州邮轮旅游发展实验区

2017 年 7 月，国家国家旅游局发文同意在福州设立“中国邮轮旅游发展实验区”。福州邮轮旅游发展实验区位于长乐松下港，规划总面积 5.5 平方公里。国家旅游局要求，福州邮轮旅游发展实验区要以推进完善邮轮产业政策体系、促进母港建设管理能力、提升邮轮产业服务质量、培育本土邮轮服务质量、扩大邮轮经济产出水平等方面为主要内容，在重点领域加强研究，探索试验，并与其他邮轮城市积极配合，为全国邮轮旅游又好又快发展不断积累经验。

（六）大连邮轮旅游发展实验区

2017 年 8 月，大连获批设立“中国邮轮旅游发展实验区”。《大连市人民政府办公厅关于加快邮轮旅游发展实验区建设的实施意见》提出了建成东北亚国际邮轮旅游中心、成为国际邮轮人才培训基地、我国邮轮制造和维修基地、中国北方邮轮物料供应中心的发展目标。为实现发展目标，将有序推进邮轮产业发展规划和相关基础设施建设，同时，提升邮轮产业整体综合服务管理水平，并加快拓展邮轮产业链。大力推进邮轮产品和邮轮旅游市场开发。同时，完善邮轮旅游扶持政策。积极利用自贸试验区政策，推动自贸试验区与邮轮旅游发展实验区的区港联动，完善贸易便利化监管措施，鼓励邮轮金融服务与产品创新，延伸、优化和完善邮轮旅游产业链，增强国际竞争力。

二、我国邮轮旅游实验区建设举措

邮轮旅游是我国支持发展的一种新兴业态。设立中国邮轮旅游发展实验区，建立中国邮轮旅游发展实验区，为探索、完善现代的、科学的产业体系提供了条件。其重要意义在于：第一，为我国现代的和科学的邮轮旅游产业体系建设提供“先行先试”的实践机遇；第二，为加速我国邮轮旅游产业可持续发展少走弯路提供经验与启示；第三，为挖掘潜在市场和充分利用已有产业和环境资源“创新驱动、转型发展”提供范例。发挥实验区的示范功能和引领作用，为全国邮轮旅游产业发展积累经验。目前，各个邮轮旅游实验区在建设过程中已经做出了较多的尝试和创新，主要包括以下几个方面。

（一）持续优化邮轮通航环境，加强实验区基础设施建设

邮轮旅游实验区应当是更高效邮轮接待和服务的示范区，进一步完善优化基础设施包括邮轮码头岸线、配套用地及关联产业资源，推进邮轮产业基础与配套设施、水上安全监管设施设备、口岸查验与警务安全设施设备、配套环境和产业项目建设。

第一，完善实验区核心区规划。以邮轮母港客运大厦及码头区域为中心设立实验区核心区。按照实验区功能定位和市场需求，完善实验区核心区各项规划。

第二，完善港口设施建设。①继续完善邮轮母港码头功能。为满足国际邮轮停靠艘次及进出境游客逐年增加的业务发展需要，加快完善相关码头设施设备建设。②提升邮轮母港使用效益，优化邮轮母港业务布局，完善客运功能。③优化邮轮母港客运大厦功

能。在保障邮轮游客快速、便捷通关的基础上，丰富免税商品种类，完善对游客的便利服务设施，包括货币兑换店、旅游商店、餐厅、咖啡厅、船员休闲厅、贵宾服务厅、邮轮体验店、票务销售中心和精品展示店等。进一步提升写字楼配套功能，吸引邮轮旅游产业相关企业和机构设立办公区。

第三，完善港口周边商业配套服务功能。逐步完善实验区核心区基础设施，打造集邮轮综合服务、休闲度假、购物观光、居住办公于一体的邮轮产业综合体，形成以邮轮母港为主导的“母港—旅游—城市”产业集群和集成一体化发展业态。

第四，完善实验区内外交通配套和周边路网建设。完善实验区内道路交通系统，在通往实验区核心区的道路、桥梁上，合理设置交通标志牌，为车辆行驶、导航提供便利。开通和适当增加实验区核心区至客运总站、国际机场、火车站和市区的公交专线，便于游客往来邮轮母港区域旅游、休闲和观光。

（二）建立保障机制，争取和完善产业发展政策

第一，加强组织机制建设。建立实验区建设推进机制，由政府分管领导牵头，涉及旅游局、发展改革委、商务委、交通运输委、口岸办、公安局、财政局、海关、出入境边防检查总站、检验检疫局、海事局、保税港区和邮轮港等部门。主要任务是负责推进实验区总体规划的编制、研究制定邮轮产业发展重大政策、创新邮轮产业发展体制机制、完善邮轮产业发展环境、引进重点邮轮产业项目、研究邮轮游艇产业发展资金的使用等事关实验区建设发展的重大问题和全局性工作。

第二，积极争取国家政策支持，主要包括以下几方面。①争取 72 小时过境免签政策。②争取邮轮旅游航线审批政策。争取有关部门对邮轮母港新开辟的航线给予特批政策，简化到我国台湾等地区航线审批流程。③争取邮轮吨税优惠政策。协调财政部、海关总署等国家部委，对运营母港航线且在试验区注册的邮轮企业给予吨税减半政策支持，对于访问港邮轮实行免征船舶吨税的政策。④争取入境购物免税政策。扩大邮轮母港免税店经营范围，对乘邮轮经由天津入境的境内外游客，可在邮轮母港免税店购买符合退税条件的物品入境。⑤争取无目的地邮轮线路许可政策。争取交通运输部、公安部等国家部委支持，以实验区为试点，允许由国内邮轮公司运营以试验区邮轮母港的无目的地邮轮旅游航线。

第三，制定支持邮轮旅游产业发展相关政策。①充分运用自贸区政策。积极借鉴上海、天津自贸区有关政策，制定支持邮轮旅游发展的政策，积极探索与境外邮轮服务企业组建合资企业，在邮轮旅游服务、邮轮人才培养、邮轮物资供应等方面先行先试。②利用港口原有的在国际航运功能区的政策，以及国际船舶登记制度、融资租赁等制度创新，吸引邮轮公司、配套产业企业和机构在实验区内注册经营。③充分利用保税港区

海关特殊监管区域功能政策，对从境外采购入区的货物予以保税，只检疫不检验；对从境内区外采购入区的货物视同出口，实行退税；对保税港区内企业之间的货物交易，不征收增值税和消费税。在政策允许的情况下，对提供的国内货物运输服务、仓储服务和装卸服务，实行增值税即征即退。④加大对邮轮游艇产业发展的资金支持力度。资金来源由市、区两级在财政预算中统筹安排，如天津每年不少于1000万元，连续支持3年。同时制定邮轮产业发展资金使用管理办法，用于支持邮轮产业发展。

第四，充分发挥行业协会的作用，积极扶持邮轮会展业发展。积极参与行业政策和产业发展规划的制定，搭建政府与企业沟通的桥梁，打造邮轮企业发展交流平台，引导邮轮服务经营单位加强行业自律，开展人才培训，提高行业专业服务水平，促进行业发展。

（三）大力发展和规范邮轮旅游业，优化旅游环境

第一，积聚壮大邮轮旅游主体。①吸引国内邮轮公司在实验区登记注册，鼓励国际邮轮公司在实验区设立经营性机构，支持邮轮公司开设新航线。②鼓励在实验区设立邮轮专业旅行社，吸引中外旅行社设立经营性机构或分支机构，引进国内外邮轮代理公司等中介机构，鼓励和吸引社会资本参与邮轮产业发展。③培育壮大邮轮母港经营主体。参照国际邮轮港口的运营管理经验，采取灵活经营的方式，集中精力拓展邮轮母港主业。④鼓励和吸引邮轮研发制造及其他配套企业落户实验区。鼓励从事邮轮研发制造及维修、会展、商场、酒店、餐饮、通信、快递、咨询服务、信息服务、会计服务、法律服务、金融保险、物料供应等配套服务企业或机构在实验区注册经营。

第二，积极拓展邮轮旅游市场，丰富完善邮轮旅游产品。加大邮轮旅游宣传推介力度，加强邮轮旅游区域合作，加强与日本、韩国、俄罗斯等国家和我国台湾等地区邮轮港口城市的旅游合作，推动实现互为邮轮母港。联合开发邮轮旅游地接产品，加强国内主要邮轮港口城市合作。引导、支持旅行社积极开发国际邮轮访问港旅游产品，重点开发具有地域文化特色的国际邮轮访问港岸上游旅游产品。增加消费型旅游产品，在实验区内通过招商引资，建立中国旅游纪念品和特产购物中心以及免税商店，满足国内外邮轮游客“一站式”购物需求。推动完善母港邮轮旅游产品，增加到达港口城市数量，丰富线路选择。

第三，建立健全行业标准和机制，引导邮轮旅游规范发展，建成全国邮轮旅游标准化示范区。建立健全以游客评价为中心的邮轮旅游评价机制，探索建立社会组织、邮轮公司、邮轮码头与旅游企业相结合的邮轮旅游纠纷快速调处机制。树立行业标准，建立邮轮旅游服务质量监管体系。健全和完善邮轮旅游投诉处理机制、邮轮旅游突发事件应急处理机制、邮轮旅游服务质量反馈机制、邮轮旅游产品评价机制，实现邮轮旅游服务

质量监管体系建设的目标，构建邮轮旅游公共信息综合服务体系。

第四，优化邮轮旅游环境，提升旅游服务水平。①简化国际邮轮人员进出境联检手续。对从邮轮入境短期逗留的游客，依照国家政策实行短期免签或落地签。对国内来船，在边检预检正常、没有游客离船的前提下，船方不需集中交验游客护照。依托国际航行船舶电子查验系统，实行电子申报、审批的新通关模式，逐步推进邮轮通关无纸化。简化母港邮轮外籍船员临时入境手续。②改进邮轮物品通关流程。对入境邮轮检验检疫实行分类管理，按照不同风险等级采取相应的检疫模式。对检疫预申报和边检预检情况正常、风险较低、符合检验检疫要求的入境邮轮，在船舶靠泊后检查结束前，经边检、海关许可，允许行李先行落地作业。推动海关、检验检疫、港口部门对行李物品查验实行“一机多屏”。③加强国际邮轮通关保障。对国际邮轮进出境实行 24 小时通关保障，先办理国际邮轮及船员相关审批事项，港口、海事、引航部门优先安排国际邮轮的靠泊、离港作业。邮轮靠泊后，在预申报正常的情况下，游客和船员即可下船办理入境、入港手续，缩短在港停留时间。

（四）积极推进邮轮配套产业发展，促进邮轮产业链上游核心环节的突破

邮轮旅游实验区应该充分挖掘港口及腹地城市在邮轮产业链上游产业的原有基础，积极发展邮轮产业链上游核心环节。

第一，引进培育邮轮制造维修业，如深圳蛇口可以发挥港口在船舶制造方面的产业优势，积极引进国内外邮轮生产龙头企业和配套企业，支持邮轮维修、配套企业发展，加快邮轮零部件及配套设施设备的研发、制造、组装、加工、维修、装饰、保养等产业发展，形成邮轮维修、养护产业链，打造天津邮轮配件产业基地，开展邮轮装备技术研究、邮轮设计和制造，成为我国邮轮制造和维修基地。

第二，培育壮大国际邮轮物资供应产业，如天津可以发展邮轮物料仓储和供应业务，制订邮轮物资生产、采购、储备、分拣加工、物流配送、信息管理等招商计划，吸引相关企业入驻实验区；大力推广国际邮轮公司物资采购目录和采购标准，积极发展邮轮物资交易、保税仓储和国际中转，使实验区逐步成为主要国际邮轮公司的全球采购配送中心之一；充分发挥中国邮轮用品采购联盟物资需求信息和邮轮物资交易平台的作用，加大国际邮轮物资供应力度。

第三，大力发展邮轮教育培训产业。加强与国际邮轮公司合作，建立产学研一体的人才培养机制，建立人才储备和输送平台。

三、我国邮轮旅游实验区的工作重点和主要经验

（一）创新邮轮口岸的监管机制

1. 创新邮轮口岸通关便利化举措

上海和广州两地推行“诚信船舶通关零待时”等新机制，在风险评估后，针对性地实施随船检疫，在国际邮轮进港靠泊前的航行途中实施入境卫生检疫，加快邮轮通关验放和靠港作业速度，同时推行“自主通关、智能分类、风险选查”的智能化旅检通关模式，依托码头行李分拣线对托运行李的快速布控拦截，旅客可在登船时5分钟内办理完成行李托运手续，大幅提高通关效率。

广州南沙邮轮口岸推行“出入境船舶24小时随到随检”“邮轮过境旅客免办边检查验手续”等便捷通关服务，创新搭建“CII易检服务平台”，船舶作业实现“零待时”，大幅提高了口岸通关效率；推动建设亿级人脸、指纹比对中心系统，推进口岸信息化综合服务能力。下一步，南沙边检将稳步推进港口边检管理改革，深化“大数据”和“大情报”引领勤务能力，进一步优化完善邮轮管控系统，落实各项便民服务措施，推进生物识别签证项目在南沙口岸实施，努力营造更加安全、高效、便捷的口岸通关环境。

2017年6月，南方航空和云顶集团达成“空—港”一体战略合作，首创亚洲“机票+邮轮+旅游”跨界合作新模式，助力广州打造世界级邮轮母港及旅游中心。上海针对保税船供探索“保税船供+分流查验+门到门查验”等便利举措，设立国际邮轮港专用性保税仓库，将通关时间由1周缩短为2天，并将每小时通关能力提升至2500人次。广州通过优化检疫监管提升国际邮轮服务水平，经风险评估，针对性地实施随船检疫，在国际邮轮进港靠泊前的航行途中实施入境卫生检疫，加快邮轮通关验放和靠港作业速度。

2. 创新国际货柜国境转运模式

2015年上海出入境检验检疫局发布《过境供邮轮食品供应链检验检疫管理规定（试行）》。2016年7月上海出入境检验检疫局发布《关于支持上海邮轮产业发展若干意见的公告》。2016年10月，国家质量监督检验检疫总局发布《出入境邮轮检疫管理办法》，自2017年1月1日起施行。2017年上海检验检疫局2017年度工作计划中提出“提高非侵入、非干扰式查验比例，简化邮轮通关手续，试点邮轮电讯检疫”。上海出入境检验检疫局推出全国首个邮轮检疫监管综合性检查方案，试行邮轮卫生指数（CQI）检查机制。海关、检验检疫对于国际邮轮货柜转运采取“一次开箱”模式，简化了流程。

2017年6月，厦门对“天海新世纪”号船供采取“进口直供”“保税供船”模式，对进境后需直接转运至指定邮轮的船供食品，在满足监管要求的前提下，“只检疫、不

检验”，发挥海关特殊监管区域内的保税仓储优势，实施关检一站式作业。2017年6月，在青岛邮轮母港，由船公司在全球统一采购的物资，在邮轮靠泊之前通过集装箱运至大港保税库，邮轮靠泊当天将集装箱运至邮轮港口，进行拆箱供船，由海关、检验检疫、码头三方共同监督所有集装箱内物资全部上船，开展“进口集装箱邮轮物资船供直通车”运营模式。

3. 创新邮轮运营联动保障机制

为保障邮轮航行安全，促进行业健康发展，天津东疆、青岛、厦门、三亚等七地海事部门日前在津共同签署《关于成立国际邮轮海事合作机制的倡议书》，呼吁海事部门建立信息互通、资源共享、问题同解的合作联动机制。七地海事部门从进出口岸查验、通航环境维护、船舶安全检查、海上应急搜救等方面，努力为邮轮经济发展提供安全保障。在解决邮轮安全监管的标准如何统一、恶劣天气下如何保证邮轮通航、如何强化对邮轮公司的管理、如何预防邮轮安全问题的发生等问题的解决，迫切需要一个有效的合作平台。因而，在创新邮轮运营联动的保障机制方面，还需要进一步的工作，来及时协调解决有关水上交通安全问题，推动海事监管区域合作，促进邮轮产业链延伸，促进形成“标准统一、信息互通、资源共享、问题同解”的合作机制，共建促进邮轮产业安全发展的“生态圈”。为建立健全应急管理机制，落实国际邮轮应急保障常态化工作机制，上海制定市级层面的应急总预案和各应急单元专项预案，确保应急救援体系高效运作。加强邮轮运营保障能力建设，进一步提高对大雾大风等灾害天气的监测、预报和预警能力。进一步落实邮轮公司运营安全、旅行社旅游安全的主体责任，督促其完善各类应急预案，经常开展应急演练，切实提高应急处置能力。

（二）探索建立邮轮旅游市场规则体系

1. 首创邮轮旅游合同：厘清“经营者与游客”的权责关系

上海市工商行政管理局和上海市旅游局共同制定了《上海市邮轮旅游合同示范文本（2015年版）》，已在2015年9月1日正式启动，要求在发生不可抗力情况时，邮轮旅游经营者要告知消费者改变内容，同时对风险分担原则有所涉及。2015年9月20日上午，在吴淞口国际邮轮港，上海携程国际旅行社有限公司等五家知名旅行社与游客签订了《上海市邮轮旅游合同示范文本（2015年版）》，该范本为全国首份规范邮轮旅游经营活动的示范文本。

天津市旅游局和天津市市场和质量监督管理委员会在2016年发布了《天津邮轮旅游合同》。合同约定，首先，当发生延误或不能靠港等情况时，旅行社应当及时向游客发布信息，告知具体解决方案。其次，对行程前发生不可抗力的，游客在合同中可选择继续履行合同或者解除合同。最后，合同区分了行程前或行程中发生不可抗力两种情况，分别设定了延误不足一天、无法停靠目的港以及自然天数减少三种情形的处理方式：如延误不足一天的，则由当事人在合同中事先约定退还旅游费用的金额；无法停靠目的地港口的，旅行社应退还该港口的港务费以及未发生的岸上观光费用；至于行程自然天数减少，旅行社扣除已实际支付且不可退还的费用后，按照减少行程的自然天数所占计划行程的百分比退还旅游费用。如果旅客不同意邮轮行程变更或取消部分停靠港口等约定，解除合同，旅行社应当在扣除已实际支付且不可退还的费用后，将余款退还。

2. 发布邮轮旅游经营规范：厘清政府、邮轮公司、旅行社、港口和游客的权利义务

2016年《上海市邮轮旅游经营规范》发布（以下简称《规范》），《规范》对邮轮旅游产品实施分类规范，将邮轮旅游产品区分为两大类：包价旅游产品、单船票销售。无论是包价旅游产品还是单船票销售，该《规范》都设置了资质要求。单船票销售允许邮轮公司在国内设立的船务公司直接销售邮轮船票，也可以委托取得《国际船舶代理经营资格登记证书》的有资质的经营主体销售邮轮船票。经营出境包价邮轮旅游业务或者代理销售包价邮轮旅游产品的，应当取得旅行社经营出境旅游业务许可。

规范的核心制度设计是“两个功能、三个合同”。“两个功能”指邮轮兼具旅游目的地和交通工具两种功能。“三个合同”指本规范用三种合同关系梳理、界定了邮轮旅游的主要法律关系。①邮轮船票——邮轮公司与旅游者之间的合同关系。邮轮公司向旅游者销售邮轮船票，构成了一种合同关系。这种合同关系以船票为体现形式。用船票来明确、体现邮轮公司与旅游者的合同关系，得到绝大多数意见征求单位的认可，也符合邮轮业和船舶客运业的长期惯例。旅行社代理邮轮公司进行船票销售，为委托代理行为，其行为法律后果仍由邮轮公司直接承担，不改变邮轮公司与旅游者之间的合同关系。②邮轮船票销售、代理合同。邮轮公司和旅行社应当就邮轮船票销售、代理签订书面合同，以明确双方的委托代理关系，本质是商事合同，但因其与另两个合同关系有密切联系，故本规范亦对此加以规范。船票销售代理模式无论是单卖船票还是“切舱”“包舱”，只是船票销售数量、付款方式的差别，只要不将船票打包成一价式的包价旅游产品，均不改变船票销售的委托代理的基础法律关系。③邮轮旅游合同旅行社将邮轮船票和岸上观光活动打包成包价旅游产品向旅游者销售的，构成《旅游法》所称的包价旅游产品，应当与旅游者签订包价旅游合同——邮轮旅游合同。

对于旅游者的权益保障，本规范做了多方面的制度设计。本规范明确了旅行社代理销售、购买邮轮船票产生纠纷的处置主体，明确了包价邮轮旅游产品产生纠纷的处置主体。特别是包价邮轮旅游产品，第一次明确了处置机制，即邮轮旅游合同服务发生纠纷的，由组团社牵头负责纠纷解决；因邮轮公司的原因造成旅游者人身损害、财产损失的，或者因邮轮航程取消、变更发生纠纷的，由邮轮公司牵头负责纠纷解决，旅行社应当协助纠纷解决。

3. 建立和推进邮轮船票试点制度："凭票进港、凭票登船"，建立"邮轮和游客"承运关系，进一步明确了游客与邮轮公司的关系

实行邮轮船票制之前，邮轮产品主要以旅游产品的形式在市场上销售，旅客都是与旅行社签订旅游合同，邮轮船票被"隐形化"，邮轮公司与乘客之间旅客运输合同的关系也随之被淡化。邮轮公司、旅行社和邮轮乘客之间缺少了一个明确各方责任、履行告知义务的具体载体，导致邮轮乘客普遍不清楚船票的存在及其作用和功能，更不知道邮轮船票背面条款所列示的责任归属，一旦出现台风等不可抗力情况下变更航线，将导致乘客、旅行社、船公司三方争议和纠纷不断。

为更好地维护游客的合法权益，培育健康发展的邮轮旅游市场，交通运输部深入调研、积极探索，于2017年10月31日复函同意在上海吴淞口邮轮港开始试点邮轮船票工作。2017年12月23日，市交通委、市旅游局、上海边检总站联合发布了"关于上海试点邮轮船票制度的通知"（沪交航〔2017〕1464号），明确分三个阶段开展试点，并细化了各阶段任务。市交通委联合宝山区政府等部门通过健全机构、职责到岗、建章立制、规范船票格式、研发系统、强化培训、完善信息报送、阶段评估、创新服务载体多措施开展并严格按照时间节点完成各阶段邮轮船票试点工作。经过上海十个月的试点，邮轮船票制度在安全管理的支撑、服务质量的提升、通关登船效率的提高、游客权益的保障、销售模式的转变等方面取得初步成效。邮轮船票试点以来，取得了初步成效，邮轮船票制度的全面推广，有利于提高旅客通关效率、安全度和体验感，有助于规范邮轮行业一体化管理，改善邮轮旅游行业营商环境，从而促进全国邮轮旅游市场的健康发展。在上海邮轮船票试点工作经验成熟的基础上，2019年起，交通运输部拟在全国邮轮港口推广应用。

4. 创设邮轮延误综合保险：协调保险公司制订相关邮轮滞船风险综合保险调处机制方案

经上海市交通委批准及专家综合评选，由环亚保险经纪推动的上海市邮轮取消延误综合保险正式获2016年上海市促进现代航运服务创新项目。

为有效化解邮轮旅游延误、取消造成的民事纠纷事件，环亚在反复调研、市场资源寻求、产品开发的基础上，于2016年5月正式推出了上海市邮轮取消延误综合保险。该创新险种运作至今，发挥了良好的市场调节作用，对近30起因台风、大雾等天气原因造成的邮轮航程取消或延误状况进行了保险理赔，累计赔偿达4000余万元，涉及游客近10万人。其中，环亚作为重要的服务主体，发挥了保险经纪人的协调服务优势，从邮轮游客的利益出发，提供了综合全面的服务，成立了专门的邮轮延误取消项目服务团队，开发了邮轮延误取消理赔查询系统。

上海市邮轮取消延误综合保险的推出，第一次创新运用保险市场化手段，协助邮轮旅游纠纷应急处置，解决了上海国际航运中心的邮轮行业面临的纠纷难题，也第一次明确了邮轮航程延误、取消事件经济补偿的全国性标准，填补了上海国际航运服务的空白。这为加快推进上海国际航运中心建设，健全航运服务功能，发展航运服务业，优化航运市场环境，提高航运资源配置能力做出了贡献。

（三）建立对接国际一流的港口服务标准体系

1. 推进国家级服务业标准化试点项目：探索中国邮轮港口服务标准

2018 年 7 月 18 日，上海、天津、舟山、大连、厦门和深圳等邮轮港口参与的“亚太邮轮港口服务标准联盟研讨会”启动了港口服务标准联盟标准化工作。各港口积极对接“区港联动”战略，将推进国家级服务业标准化试点单位作为加快全区服务业发展、推动区域经济转型升级的重要举措，积极指导吴淞口国际邮轮港开展邮轮服务标准化体系建设，不断完善管理制度，全面提高标准化水平。

2018 年 9 月 11 日，由上海吴淞口邮轮港发展有限公司承担的国家级上海吴淞口国际邮轮港服务标准化试点项目顺利通过终期验收。全国首个邮轮港口服务标准化试点的成功验收，标志着邮轮港口服务标准化工作迈向新阶段。此项目是提升公司运营效能，提高港口过程管理和服务水平，进一步为游客提供安全、高效、舒适、便捷服务的重要契机。试点取得了显著成效：一是建立了一套符合邮轮要求、满足游客需求的邮轮港口服务标准体系；二是完善了应急体系、设备管理标准化和相关方满意度管理；三是提升了品牌效应、经济效应和社会影响力；四是牵头成立亚太邮轮港口服务标准联盟，将标准化建设理念向亚太区辐射，推动亚太邮轮产业标准化建设和发展。

2. 成立我国邮轮港口服务标准联盟“亚太邮轮港口服务标准化联盟”

2017 年在 Seatrade 亚太邮轮大会上，天津国际邮轮母港、上海吴淞口国际邮轮港、上海港国际客运中心开发有限公司、深圳招商蛇口邮轮母港、厦门港务集团和平旅游客运公司、舟山群岛国际邮轮港、大连港运总公司以及新加坡邮轮中心、环美邮轮码头等 9 家国内外港口结成标准联盟，在大会上共同发布《推进亚太邮轮港口服务标准化共同宣言》，标志着国内首次正式组成邮轮港口服务标准联盟，通过业内资源和社会资源，建立国际一流的亚太邮轮港口服务标准体系，促进亚太邮轮产业健康快速发展。

联盟合作主要包括五大目标。

（1）牢固树立真情服务理念。国际邮轮港口是一个城市、地区和国家对外交流的重要窗口，承担确保旅客安全、便捷和愉悦出行并保障邮轮高效完成港口作业的重要责任，通过不断完善港口服务设施，从而优化服务流程和品质，满足广大游客和邮轮公司的需求。

（2）积极采用和推广国际先进标准。推动标准化成果的转化、运用和实施，持续提升港口运营能力和管理水平。

（3）推动建立行业服务标准体系。围绕邮轮港口服务标准的制定、应用和完善等环节开展讨论和研究，凝聚共识，着力解决好邮轮港口服务的短板问题，整体提升亚太地区的服务能级。

（4）不断加强港口合作交流。加强联盟成员间的合作交流，深化与区域内各国政府、邮轮公司、旅行社、行业协会及相关企业的沟通与协调。

（5）建立和完善港口服务评价体系。完善与国际先进水平接轨的邮轮港口服务评价体系，以全面准确地评价港口服务能力。

3. 建立邮轮变频岸电系统，推广绿色能源

2017 年 1 月，交通运输部印发《靠港船舶使用岸电 2016—2018 年度项目奖励资金申请指南》，2016 年建成的岸电设施可申请 60% 的设备补贴；2017 年建成的岸电设施可申请 50% 的设备补贴；2018 年 3 月 31 日之前建成的岸电设施可申请 40% 的设备补贴。我国各个邮轮旅游发展实验区将建立邮轮变频岸电系统，推广绿色能源作为建设方案的重点工作。如青岛市建设中国邮轮旅游发展实验区实施方案中，明确提出“完善港口岸电供应系统，推动绿色港口建设”。

上海出台了《上海港靠泊国际航行船舶岸基供电试点工作方案》，支持对开展试点的码头企业（以下简称“试点码头”）的岸电设施建设费、电力增容费、船舶使用岸电所致的电费差价和运行维护费等进行补贴。亚洲首套邮轮岸电系统——上海吴淞国际邮轮港岸基供电一期项目已投运，这是目前世界最大邮轮变频岸电系统。据悉，这一岸电系统一年可实现替代电量 3660 万千瓦时，减排二氧化碳 3.6 万吨。据了解，上海吴淞国际邮轮港岸基供电项目整体建设共分为两期，全面建成后将覆盖 4 个泊位。本次投运的为一期项目，覆盖 2 个泊位，容量 1.6 万千伏安，不仅可为用电频率为 60 赫兹的国际邮轮供电，而且可为用电频率为 50 赫兹的国内客轮、货轮供电，实现了供电对象的全覆盖。上海还有 4 个电厂煤码头的岸电工程也相继完工。

（四）推进邮轮全产业链发展

1. 上游：发展本土豪华邮轮设计建造产业

《中国制造 2025》明确提出，要“突破豪华邮轮设计建造技术”。《关于促进旅游装备制造业发展的实施意见》中，也将“加快实现邮轮自主设计和建造”列为重点任务之一。

天津在《中国邮轮旅游发展实验区建设三年行动方案（2015—2017 年）》中明确将引进培育邮轮制造维修业。在引进国内外邮轮生产龙头企业和配套企业的基础上，支持邮轮维修、配套企业发展，加快邮轮零部件及配套设施设备的研发、制造、组装、加工、维修、装饰、保养等产业发展，逐步形成邮轮维修、养护产业链，打造天津邮轮配件产业基地。

在邮轮产业链的上游，上海与中船集团合作，延伸发展本土豪华邮轮设计建造。2016年10月，国内首个国际邮轮产业园——“上海中船国际邮轮产业园”落户宝山工业园区，目前中船集艾、中船瓦锡兰等配套企业已成功入驻。2017年2月22日，在中国和意大利领导人的见证下，中国船舶（股票）工业集团公司与美国嘉年华集团、意大利芬坎蒂尼集团签署我国首艘国产大型邮轮建造备忘录协议（MOA）。根据协议，中船集团联合嘉年华集团等组建的邮轮船东运营合资公司将向中船集团与芬坎蒂尼合资组建的邮轮建造公司订购首批2+4艘Vista级大型豪华邮轮，专为中国市场提供服务。该邮轮将在中船集团旗下上海外高桥造船有限公司建造。第一艘新船预计于2023年交付。

2. 中游：吸引国际主要邮轮公司企业入驻

在中游，大力吸引邮轮总部型企业入驻。上海、天津、深圳等邮轮旅游发展实验区在吸引国际邮轮公司企业入驻方面成绩显著。如国内首个国际邮轮产业园——“上海中船国际邮轮产业园”和国内首支邮轮产业基金落户宝山工业园区，将为中国打造豪华国际邮轮提供制造、运营、配套等服务。作为我国首个国际邮轮产业园区，其将借助上海吴淞口国际邮轮码头的运营优势和上海外高桥造船有限公司的建造优势，不断完善配套延伸中国邮轮产业链。

目前，在上海、天津和深圳等实验区已经吸引入驻各类邮轮企业，“邮轮总部经济”逐渐凸显。2017年3月，吴淞口邮轮港建成了乐购仕跨境电商项目，打造了“境内下单、境外提货”的邮轮旅游全新购物模式。此外，邮轮船供服务迎来重要机遇，全年邮轮船供总金额超过4亿元。

3. 下游：全面提升邮轮服务，发挥邮轮带动效应

深圳市旅游行业协会宣布深圳市邮轮旅游联盟暨深圳市旅游行业协会邮轮专业委员会于2018年10月22日正式成立，深圳招商蛇口国际邮轮母港有限公司协同广东中旅（深圳）旅行社有限公司等12家旅行社担任首届执委。联盟的建立将更好地推进联盟成员间的业务互动与信息互通，进而推动邮轮旅游文化的传播与深圳市邮轮旅游的发展，为深圳市打造邮轮旅游新名片献计献策。由深圳市文体旅游局联合招商蛇口，组织太子湾邮轮母港、邮轮公司和深圳市11家主要旅行社联动开展邮轮旅游嘉年华活动。各大机构深入大型商城和社区共同向市民推广邮轮旅游，以统一形象、统一流程大力推广邮轮旅游文化，以统一产品、统一价格销售深圳太子湾始发邮轮旅游产品。在全面提升邮轮服务方面，2018年上海虹口国际邮轮客运中心推出丰富多彩的邮轮欢迎仪式，让入境游客的体验度大幅提升。

上港国际客运中心邮轮码头虹口区利用北外滩滨江资源独特优势及邮轮产业发展的

先发优势，正在重点吸引高端、奢华访问港邮轮靠泊北外滩。2017年全年，北外滩上港国际客运中心邮轮码头累计停靠访问港邮轮达23艘，同比增长53%，接待人次3.4万人，同比增长97.2%。预计今年中国国际进口博览会前后，将有维京猎户号、星之传奇号、新浪漫号、阿姆斯特丹号等8艘国际精品邮轮抵达北外滩。

天津港口周边商业配套服务功能方面，将逐步实施东疆人工沙滩、安佳酒店、一洋游艇俱乐部和东疆国际等项目的规划和建设，完善实验区核心区基础设施，打造集邮轮综合服务、休闲度假、购物观光、居住办公于一体的邮轮产业综合体，形成以邮轮母港为主导的“母港—旅游—城市”产业集群和集成一体化发展业态。在上海吴淞口国际邮轮港“一核、一环、三带”的邮轮产业布局中，“一核”指吴淞口国际邮轮港及周边区域，是客流、物流、商流集散中心、邮轮旅游发展的核心区域，集聚直接为邮轮和游客服务的邮轮服务功能集合，并优化布局邮轮旅游和商业休闲等核心产业功能。以“区港联动”为抓手，聚焦国际邮轮公司总部的引进、上海邮轮物资配送中心的打造、中国邮轮旅游跨境商品交易中心及电商平台的建立、近海邮轮旅游业务的开展、便利化举措的实施、邮轮服务领域的拓宽，努力形成中国邮轮产业发展政策体系。

第七章 邮轮产业政策

当前阶段我国产业结构进入深度调整期，政府正在努力加快推进产业结构转型升级，积极寻求产业发展新业态、新突破。邮轮产业作为新兴业态，以其发展速度快、附加值高、对地区经济带动辐射效应强等特点，日益发展成为沿海地区产业转型发展的风向标，受到国家及地方政府的大力支持和扶持。

邮轮产业的快速发展，需要与产业发展相关的各项配套设施的跟进与完善，由于邮轮产业链涉及船舶制造、港口建设、邮轮运营、通关等多个环节，这种复杂性决定了我国邮轮旅游产业不可能单独依靠国内自身的市场、企业以及资本的运作快速成长起来，需要一系列包含政府与企业、行业协会在内的多主体之间的国际交流与合作，其中政府在政策上给予的支持和在邮轮产业发展中的作用是至关重要的。

2017 年 10 月 18 日，中国共产党第十九次全国代表大会（以下简称十九大）的顺利召开为中国未来发展建立了新的系统性发展方向。十九大报告强调推动新型工业化、信息化、城镇化、农业现代化的协同发展，并在经济全球化中从被动走向主动，升级开放型经济的层次。同时，报告明确提出“建设交通强国”的概念，将对现代化交通建设、邮轮产业发展等产生深远的影响。

同年 12 月 6 日，交通运输部部长李小鹏主持召开部务会，进一步学习宣传贯彻党的十九大精神，研究交通运输行业质量提升行动实施方案、进一步促进我国邮轮经济发展等工作。会议指出，邮轮经济产业链长、带动性强，对推进供给侧结构性改革、促进消费转型升级具有重要拉动作用。下一步，要以推进供给侧结构性改革为主线，积极培育邮轮市场，拓展提升港口服务能力，强化安全发展、绿色发展，优化口岸环境和功能，加强人才培养，提升邮轮供应配套能力和服务水平，推动我国邮轮产业和邮轮经济持续健康发展。随后 12 月 25 日，在交通运输部召开的“2018 年全国交通运输工作会议”上明确部署了提高邮轮港口服务水平、建立邮轮船票制度等持续深化交通运输供给侧结构性改革的重点工作。

2018 年是贯彻党的十九大精神的开局之年，也是改革开放 40 周年。2018 年两会期间通过的《国务院机构改革方案》将国务院正部级机构减少 8 个，副部级机构减少 7 个。除国务院办公厅外，国务院设置组成部门为 26 个。其中将文化部、国家旅游局的职责整合，组建文化和旅游部，不再保留文化部、国家旅游局。文化和旅游部的组建是统筹文化产业与旅游产业协调有序发展的客观需要。有利于将文化产品变为旅游产品，充分发挥文化和旅游两种优势，推动我国旅游业快速健康发展，进一步刺激消费需求，更好地拉动内需。具体到邮轮产业，在未来邮轮旅游产品设计将突出文化和旅游结合的属性，不断加强对产品品质的重视力度，重视新产品的创新开发，提升游客体验和满意度，打造出高品位的邮轮旅游产品。

一、国家层面

（一）国务院

1.《"十三五"现代综合交通运输体系发展规划》（国发〔2017〕11 号）

2017 年 2 月 28 日，国务院印发《"十三五"现代综合交通运输体系发展规划》（以下简称《规划》），这是"十三五"期间 22 个国家级重点专项规划之一。《规划》明确提出，有序推进邮轮码头建设，拓展国际国内邮轮航线，发展近海内河游艇业务，促进邮轮游艇产业发展。有序推进天津、大连、秦皇岛、青岛、上海、厦门、广州、深圳、北海、三亚、重庆、武汉等邮轮码头建设，在沿海沿江沿湖等地区发展公共旅游和私人游艇业务，完善运动船艇配套服务。

2.《中国（辽宁）自由贸易试验区总体方案》（国发〔2017〕15 号）

2017 年 3 月 31 日，国务院印发《中国（辽宁）自由贸易试验区总体方案》，其中明确提出，加快东北亚区域性邮轮港口和国际客滚中心建设；推动与旅游相关的邮轮、游艇等旅游运输工具出行的便利化。

3.《中国（浙江）自由贸易试验区总体方案》（国发〔2017〕16 号）

2017 年 3 月 31 日，国务院印发的《中国（浙江）自由贸易试验区总体方案》中，强调着力发展海洋旅游；推动与旅游相关的邮轮、游艇等旅游运输工具出行的便利化。

4.《关于促进全域旅游发展的指导意见》（国办发〔2018〕15 号）

2018 年 3 月 22 日，国务院办公厅印发《关于促进全域旅游发展的指导意见》（以下简称《意见》），《意见》的发布，标志着全域旅游正式上升为国家战略，是大众旅游时代我国旅游业发展战略的一次新提升。《意见》提出创新产品供给，推动旅游与交通、环保、国土、海洋、气象产业的融合发展；积极发展邮轮游艇旅游；开发建设海洋海岛旅游等产品。

5.《关于支持海南全面深化改革开放的指导意见》（新华社授权发布）

2018 年 4 月 14 日，国务院发布的《关于支持海南全面深化改革开放的指导意见》。明确提出，支持海南开通跨国邮轮旅游航线，支持三亚等邮轮港口开展公海游航线试点，加快三亚向邮轮母港方向发展。放宽游艇旅游管制；有序推进西沙旅游资源开发，稳步开放海岛游。

6.《进一步深化中国（广东）自由贸易试验区改革开放方案》（国发〔2018〕13 号）

2018 年 5 月 4 日，国务院印发的《进一步深化中国（广东）自由贸易试验区改革开放方案》中明确提出，大力推动邮轮旅游发展，试点实施国际邮轮入境外国旅游团 15 天免签政策。深入推进粤港澳游艇自由行，进一步提升游艇通关便利化水平。

7.《进一步深化中国（天津）自由贸易试验区改革开放方案》（国发〔2018〕14 号）

2018 年 5 月 4 日，国务院印发的《进一步深化中国（天津）自由贸易试验区改革开放方案》中提出，探索开展邮轮公海游试点；建设邮轮旅游岸上国际配送中心，创建与国际配送业务相适应的海关监管制度；研究在东疆国际邮轮码头口岸实施国际邮轮入境外国旅游团 15 天免签政策。

8.《进一步深化中国（福建）自由贸易试验区改革开放方案》（国发〔2018〕15 号）

2018 年 5 月 4 日，国务院印发的《进一步深化中国（福建）自由贸易试验区改革开放方案》中强调，支持厦门东南国际航运中心建设，推动邮轮、游艇等出行便利化，试点实施国际邮轮入境外国旅游团 15 天免签政策，加快厦门邮轮港口建设。

（二）交通运输部

1.《深入推进水运供给侧结构性改革行动方案（2017—2020 年）》（交办水〔2017〕75 号）

2017 年 5 月 23 日，交通运输部制定实施《深入推进水运供给侧结构性改革行动方案（2017—2020 年）》（以下简称《行动方案》），抢抓交通运输发展黄金时期，加快水运行业提质增效升级，更好服务国家重大战略。《行动方案》中提出加快邮轮游艇运输发展。完善邮轮始发港、访问港等港口体系布局，有序推进邮轮码头建设，鼓励通过老港区功能调整、改造现有设施满足邮轮靠泊要求。研究推进邮轮运输发展措施，配合制订推进全国邮轮旅游发展总体规划，研究制定中资邮轮公司、方便旗邮轮试点政策，提出加强邮轮运输安全监管的特别举措，支持企业拓展国际国内邮轮航线。推进粤港澳游艇自由行工作，支持游艇有序发展。并将研究建立与国家海上搜救应急预案相衔接的邮轮突发事件应急反应程序（水运局、搜救中心、海事局、救捞局分工负责，2020 年底前完成）列入主要任务。

2.《加快推进津冀港口协同发展工作方案（2017—2020年）》（交办水〔2017〕101号）

2017年7月17日，交通运输部办公厅与津、冀两地人民政府办公厅联合印发《加快推进津冀港口协同发展工作方案（2017—2020年）》，提出稳步推进邮轮码头的建设，支持天津国际邮轮港发展。加强京津冀区域合作，推动区域公众出行服务信息共享，促进天津邮轮港与区域内机场、铁路、公路客运枢纽和城市公共交通网络的有效衔接。推动设立海港口岸进境免税购物点，建设综合型邮轮船供物流基地，吸引国际知名邮轮公司落户，加快邮轮产业在天津集聚。

3.《关于促进交通运输与旅游融合发展的若干意见》（交规划发〔2017〕24号）

2017年7月18日，交通运输部、国家旅游局、国家铁路局、中国民航局、中国铁路总公司、国家开发银行六部门联合印发了《关于促进交通运输与旅游融合发展的若干意见》（以下简称《若干意见》）。《若干意见》提出强化客运枢纽的旅游服务功能，拓展邮轮码头等客运枢纽旅游服务功能，改造升级枢纽内旅游信息服务系统、标识引导系统等设施，增强自驾游服务等功能。鼓励发展旅游客运码头、游艇停靠点等，提升旅游服务功能。加强邮轮港口与城市旅游体系的衔接，引导有条件城市建设邮轮旅游集散枢纽。同时，推进水上旅游产品开发。优化沿海邮轮港口布局，逐步形成分布合理的邮轮港口体系。支持发展邮轮、游艇等水上旅游产品。鼓励支持航运企业根据市场需求拓展国际国内邮轮航线，打造邮轮港口至城市一体化旅游线路。支持长江干线、珠江干线及滨湖地区等有条件通航水域有序发展内河游轮旅游，增加游轮旅游航线，加强水上旅游线路及水上旅游公共服务设施建设。

此外，在邮轮旅游集散中心、旅游客运码头等基础设施建设领域，以及水上旅游产品、旅游专列、联程联运等旅游运输服务领域，推动形成一批可复制、可推广的成功经验。

4.《智慧交通让出行更便捷行动方案（2017—2020年）》（交办科技〔2017〕134号）

2017年9月26日，交通运输部办公厅印发《智慧交通让出行更便捷行动方案（2017—2020年）》（以下简称《方案》）。《方案》提出，提升邮轮信息化智能化水平。构建集邮轮航线、船票销售咨询服务等于一体的邮轮信息网络，实现信息共享。充分利用信息技术，提升邮轮运输市场监督管理的信息化水平，充分发挥行业协会在信息发布、行业自律、信息服务方面的作用。

5.《关于加快推进旅客联程运输发展的指导意见》（交运发〔2017〕215号）

为深入贯彻党的十九大关于建设交通强国的战略部署，落实《“十三五”现代综合交通运输体系发展规划》任务安排，加快推进旅客联程运输发展，更好地满足人民群众对美好生活的需要，2018年1月22日，交通运输部联合国家发展改革委、国家旅游局、国家铁路局、中国民用航空局、国家邮政局、中国铁路总公司六个部门印发《加快推进旅客联程运输发展的指导意见》，提出建立邮轮客票制度，鼓励邮轮等相关企业构建集航线、票务、旅游、咨询等服务于一体的邮轮综合信息网络。加快推进三峡库区、渤海湾、琼州海峡等重点水域旅客联网售票。

6.《贯彻落实〈中共中央国务院关于支持海南全面深化改革开放的指导意见〉实施方案》

2018年7月25日，交通运输部印发《贯彻落实〈中共中央国务院关于支持海南全面深化改革开放的指导意见〉实施方案》（以下简称《实施方案》）。《实施方案》提出，推动三亚建设国际邮轮母港。指导海南编制三亚邮轮母港总体规划，支持建设服务三亚邮轮母港的免税油料、生活物资、维修等邮轮物料供应基地与维修养护基地。支持海南发展邮轮游艇设计展示、人才培养等相关服务体系。指导海南出台优惠政策促进邮轮要素集聚，吸引邮轮产业相关企业在三亚注册。同时，支持邮轮航线开发和中资邮轮公司发展。充分发挥海南区位、资源优势，支持邮轮企业以东南亚、港澳台等航线为重点，开发运营涉及三亚、海口邮轮港的邮轮航线产品。会同相关部门研究制定中资方便旗邮轮公海游试点政策，支持三亚等邮轮港口开展试点。大力发展中资邮轮公司，鼓励中资邮轮公司在国内新建邮轮并悬挂五星红旗或香港旗，探索允许中资香港旗新建邮轮开展三亚等邮轮港口始发的沿海邮轮运输。

7.《关于促进我国邮轮经济发展的若干意见》（交水发〔2018〕122号）

2018年9月27日，交通运输部等10部委正式发布《关于促进我国邮轮经济发展的若干意见》（以下简称《意见》）。根据《意见》，预算到2035年，我国邮轮市场将成为全球最具活力的市场之一。同时，加快推进邮轮建造及配套装备产业发展，重点突破豪华邮轮设计建造技术，鼓励合资合作方式，形成多元投入格局，加快实现首艘大型邮轮建造，鼓励通过"引进消化吸收再创新"和"自主创新"相结合的模式，推进邮轮设计建造逐步达到世界先进水平，完善和优化邮轮建造配套供应链体系。此外，提出了积极培育邮轮市场、拓展提升港口服务功能、进一步优化口岸环境和功能、强化邮轮安全发展、着力推进邮轮绿色发展、加快推进邮轮建造及配套装备产业发展、着力提升邮轮供应配套能力、提升邮轮运输旅游服务水平、大力推动邮轮人才培养等九大工作任务。

（三）国家发展和改革委员会

1.《北部湾城市群发展规划》（发改规划〔2017〕277号）

2017年2月10日，国家发改委发布《北部湾城市群发展规划》（以下简称《规划》）。《规划》强调突出海口港和北海港的客运功能，有序推进邮轮码头建设。

2.《全国海洋经济发展“十三五”规划》（发改地区〔2017〕861号）

2017年5月4日，国家发改委、国家海洋局联合印发《全国海洋经济发展“十三五”规划》（以下简称《规划》）。《规划》确立“十三五”时期海洋经济发展的基本思路、目标和主要任务，对全面贯彻落实海洋强国战略、促进海洋经济发展具有重要的指导作用。

《规划》对中国沿海各大海域发展定位，其中辽东半岛沿岸及海域将重点推进东北亚国际海洋海岛旅游、海滨避暑度假旅游区建设，大力培育邮轮旅游发展，打造东北亚地区邮轮旅游基地。优化港口资源配置与布局；渤海湾沿岸及海域将积极发展高端旅游，打造天津北方国际邮轮旅游中心；山东半岛沿岸及海域将发展国际滨海休闲度假、邮轮游艇、海上运动等高端海洋旅游业；上海沿岸及海域将快邮轮游艇经济发展，支持邮轮游艇出入境管理等政策试点。发展海洋工程装备和大型邮轮等高技术船舶设计建造。完善邮轮生产与服务配套产业链，进一步提升上海邮轮产业的国际地位和竞争力；福建沿岸及海域将加快厦门邮轮旅游业发展，加强邮轮游艇研发制造；珠江口及其两翼沿岸及海域将群将积极发展海上运动、邮轮游艇，开辟海上丝绸之路旅游专线；广西北部湾沿岸及海域将积极开发多层次的海洋旅游精品，发展邮轮和游艇产业，构建中国—东盟海洋旅游合作圈；海南岛沿岸及海域将在“十三五”时期，重点做精做强特色滨海旅游，加快发展邮轮旅游，积极开发帆船、游艇旅游。

《规划》还提出，根据边远岛礁区位和发展条件，发展邮轮旅游。统筹规划邮轮码头建设，对国际海员、国际邮轮游客实行免签或落地签证，推进上海、天津、深圳、青岛建设“中国邮轮旅游发展实验区”。发展邮轮经济，拓展邮轮航线。在滨海城市加快发展游艇经济，推进游艇码头建设，创新游艇出入境管理模式。

3.《服务业创新发展大纲（2017—2025年）》（发改规划〔2017〕1116号）

2017年6月13日，国家发改委印发《服务业创新发展大纲（2017—2025年）》，明确了提升服务业市场化、社会化、国际化水平的发展方向。推进服务业相关的邮轮游艇码头等新型旅游基础设施建设的要求。

4.《增强制造业核心竞争力三年行动计划（2018—2020年）》（发改产业〔2017〕2000号）

2017年11月20日，国家发展改革委印发的《增强制造业核心竞争力三年行动计划（2018—2020年）》中，将高端船舶和海洋工程装备关键技术产业化作为重点突破领域，提出通过联合开发、技术引进、合资经营等方式，开展邮轮设计、制造和示范应用，逐步掌握邮轮总包建造技术，提升工程组织和供应链管理能力，带动邮轮专用配套设备的发展，形成比较完整的邮轮制造产业链。

（四）工业和信息化部

《船舶工业深化结构调整加快转型升级行动计划（2016—2020年）》（工信部联装〔2016〕447号）

2017年1月12日，工信部联合发展改革委、财政部、人民银行、银监会、国防科工局六部委印发《船舶工业深化结构调整加快转型升级行动计划（2016—2020年）》（以下简称《行动计划》）。《行动计划》明确将“邮轮自主设计和建造，大力发展中小型游艇和新型游艇设计制造”列入重点任务，将大型邮轮列入“重大创新工程与专项”，并利用国外优势资源，开展豪华邮轮、船用低速机协同攻关，鼓励境外企业和科研机构在我国设立全球研发机构，构筑中国船舶制造知名品牌。

《行动计划》还提出，优化邮轮港口布局，完善游艇持证要求、运营法规及保险体系，探索试点游艇租赁业务，制订全国邮轮旅游发展总体规划，加快培育和发展邮轮、游艇旅游市场等一系列保障措施。

（五）文化和旅游部

《关于在旅游领域推广政府和社会资本合作模式的指导意见》（文旅旅发〔2018〕3号）

2018年4月19日，文化和旅游部、财政部两部委联合发布《关于在旅游领域推广政府和社会资本合作模式的指导意见》提出，通过充分利用PPP（政府和社会资本合作）模式的优势，加强旅游基础设施建设，持续提升旅游公共服务供给水平。其中，在交通旅游领域支持地方政府将交通项目和旅游资源的利用融合建设、一体发展，鼓励社会资本方参与邮轮港口、游船码头、公共游艇码头、旅游集散中心及相关配套服务设施的建设。

2017—2018年度国家层面邮轮产业相关政策法规一览表如表7-1所示。

表7-1　2017—2018年度国家层面邮轮产业相关政策法规一览表

发文单位	日期	政策法规名称
国务院	2017年2月28日	《“十三五”现代综合交通运输体系发展规划》
	2017年3月31日	《中国（辽宁）自由贸易试验区总体方案》
	2017年3月31日	《中国（浙江）自由贸易试验区总体方案》
	2018年3月22日	《关于促进全域旅游发展的指导意见》
	2018年4月14日	《关于支持海南全面深化改革开放的指导意见》
	2018年5月4日	《进一步深化中国（广东）自由贸易试验区改革开放方案》

续表

发文单位	日 期	政策法规名称
国务院	2018 年 5 月 4 日	《进一步深化中国（天津）自由贸易试验区改革开放方案》
	2018 年 5 月 4 日	《进一步深化中国（福建）自由贸易试验区改革开放方案》
交通运输部	2017 年 5 月 23 日	《深入推进水运供给侧结构性改革行动方案（2017—2020 年）》
	2017 年 7 月 17 日	《加快推进津冀港口协同发展工作方案（2017—2020 年）》
	2017 年 7 月 18 日	《关于促进交通运输与旅游融合发展的若干意见》
	2017 年 9 月 26 日	《智慧交通让出行更便捷行动方案（2017—2020 年）》
	2018 年 1 月 22 日	《关于加快推进旅客联程运输发展的指导意见》
	2018 年 7 月 25 日	《贯彻落实〈中共中央国务院关于支持海南全面深化改革开放的指导意见〉实施方案》
	2018 年 9 月 17 日	《关于促进我国邮轮经济发展的若干意见》
国家发展和改革委员会	2017 年 2 月 10 日	《北部湾城市群发展规划》
	2017 年 5 月 4 日	《全国海洋经济发展“十三五”规划》
	2017 年 6 月 13 日	《服务业创新发展大纲（2017—2025 年）》
	2017 年 11 月 27 日	《增强制造业核心竞争力三年行动计划（2018—2020 年）》
工业和信息化部	2017 年 1 月 12 日	《船舶工业深化结构调整加快转型升级行动计划（2016—2020 年）》
文化和旅游部	2018 年 4 月 19 日	《关于在旅游领域推广政府和社会资本合作模式的指导意见》

资料整理：亚洲邮轮学院整理 2018。

二、地方层面

近年来，在国家推进邮轮产业快速发展的大背景下，地方政府也高度重视邮轮旅游产业发展，纷纷出台一系列鼓励政策、法规与规划。目前以大连、天津、青岛、威海、烟台、上海、福州、厦门、广州、深圳及三亚邮轮港口为核心，重点发展本土邮轮企业，培育本土邮轮文化，主动对接国际邮轮旅游规范，探索建立邮轮旅游的中国标准。在此基础上，各地积极构建邮轮产业链，拓展邮轮航线，丰富邮轮旅游产品，加快推进各区域邮轮母港建设，吸引更多资源，努力打造邮轮旅游的“亚洲品牌”。

（一）环渤海地区

1. 大连

2017 年 8 月大连成为第 6 个获批的全国首批“中国邮轮旅游发展实验区”。2018

年2月14日，大连市政府出台《加快邮轮旅游发展实验区建设的实施意见》（以下简称《实施意见》），提出建成东北亚国际邮轮旅游中心，成为国际邮轮人才培训基地、我国邮轮制造和维修基地、中国北方邮轮物料供应中心的发展目标。《实施意见》提出，3年内，始发和挂靠邮轮艘次每年增加10%，吸引1~2家国际邮轮公司把大连作为母港。与此同时，提升邮轮产业整体综合服务管理水平，并加快拓展邮轮产业链。积极培育和组建本土邮轮运营企业，加大金融扶持力度，鼓励社会资本与邮轮公司及相关旅游经营单位联合，探索组建大连本土邮轮公司。

2. 天津

2017年3月，天津国际邮轮母港口岸正式开通启用9条自助查验通道，天津国际邮轮母港成为天津乃至整个北方邮轮口岸首个开通自助查验通道的对外开放口岸。

同年5月，天津东疆保税港区与歌诗达邮轮签署合作备忘录，加快将东疆保税港区打造成亚洲首个邮轮物资分拨配送基地。同时，天津东疆保税港区在全国率先实现了邮轮物资"保税港区冷链物流直供"的新监管模式，有效提升了申报和通关便利化，对发挥天津国际邮轮母港功能，加快建成"亚太邮轮配送基地"，推动国际邮轮公司选择天津作为物资分拨配送中心具有重要意义。

此外，从2017年12月28日起，天津国际邮轮母港正式对奥地利、俄罗斯、美国、澳大利亚、韩国等53个国家持有国际旅行证件和144小时内确定日期、座位，前往第三国（地区）联程客票的外国人，实施过境免办签证政策。这是继上海之后国内第二个实施144小时过境免签的邮轮口岸。

3. 青岛

青岛作为中国北方重要的港口城市和旅游知名城市，具有发展邮轮经济的天然优势。2017年1月17日，青岛市政府下发《关于促进海运业健康发展的实施意见》，提出要大力发展邮轮经济，打造邮轮旅游目的地港，到2020年建成"中国北方邮轮中心"，晋级"东北亚区域性邮轮母港"。积极吸引国际邮轮企业落户，引进国际大型邮轮公司在青岛成立分部开展邮轮业务。积极鼓励开展邮轮旅游业务的企业包租邮轮到青岛旅游。

同时，作为全国第四个"中国邮轮旅游发展实验区"，2017年2月，《青岛市建设中国邮轮旅游发展实验区实施方案》（以下简称《方案》）正式出台。《方案》提出加大邮轮产业政策扶持力度，推进青岛国际邮轮港基础配套设施建设，丰富邮轮旅游产品体系，优化产业发展环境，拓展产业发展空间等。

2017年4月5日，为贯彻落实青岛市政府《青岛市建设中国邮轮旅游发展实验区实施方案》，青岛国际邮轮港管理局、市北区人民政府、青岛港（集团）有限公司联合发布了《关于贯彻落实青岛市建设中国邮轮旅游发展实验区实施方案推动邮轮旅游发展的若干措施》，内容涵盖优化母港基础设施、提升配套服务水平、壮大邮轮旅游主体、丰富邮轮旅游产品、拓展邮轮客源市场、加大政策扶持力度等6个方面，共22条。

4. 威海

2017年12月21日，《威海市发展国际邮轮旅游产业财政奖励意见》（以下简称《意见》）发布。《意见》对从威海始发航线或挂靠航线业务的境内外邮轮公司、提供邮轮服务的邮轮港口（码头）经营企业、船舶代理公司分别制定了奖励政策。《意见》的出台，加大了对威海市邮轮旅游产业的扶持力度，对引进邮轮来威始发或访问、促进威海市邮轮经济发展、实现服务贸易创新突破具有积极影响。

5. 烟台

2017年4月17日，交通运输部和山东省人民政府联合批复《烟台港总体规划（2016—2030年）》（以下简称《总体规划》）。根据《总体规划》，计划在烟台市区的芝罘湾港区建设3个大型邮轮泊位，年综合通过能力60万人。未来将通过邮轮游艇码头以及相关设施的配置，串联烟台市山—城—海—岛—港的旅游线路，提升海陆文化交融的城市品牌价值。

6. 山东省

2017年12月27日，山东省出台《服务邮轮和海上旅游休闲产业八项举措》（以下简称《八项举措》），包括：一是开通邮轮船员“绿色通道”，实施邮轮安检预约；二是推动新增或扩大邮轮港口口岸开放；三是推动建立邮轮母港和北海救助局搜救合作计划，国际邮轮与搜救中心搜救合作计划；四是丰富培训资源，便利客船船员（邮轮海乘人员）培训；五是全力保障大型水上运动赛事等重大海上活动；六是创新游艇跨境（省/市）便捷往返管理措施，支持地方政府积极推进海上旅游休闲产业的集中管理、一体化经营；七是简化游艇登记审批手续，支持适合大众消费的中小型游艇发展；八是引导企业发展适航能力强、旅游功能突出的游船作为海上旅游的主流船型等8方面内容，以进一步促进海上旅游产业转型升级、提质增效、安全健康发展。

2018年5月12日，山东省政府印发《山东海洋强省建设行动方案》。其中明确提出发展海滨旅游，推进“齐鲁美丽海岛”建设，开发邮轮游艇等新型旅游体验产品。加快海岛旅游与邮轮、游艇等新型交通载体结合，拓展海上旅游新空间。建设青岛中国邮轮旅游发展实验区，威海、日照邮轮访问港和帆船（游艇）基地，开展烟台邮轮无目的地公海游试点。

（二）长江三角洲地区

上海

2017年11月，为对接国家“一带一路”倡议，推动上海国际航运中心建设，支持宝山区培育邮轮经济、加快发展邮轮产业，上海市工商行政管理局，制定出台了《关于支持宝山区邮轮产业发展的若干意见》，提出了：一是对接国家“一带一路”倡议，支持邮轮产业发展重点区域建设；二是承接自贸试验区制度创新溢出效应，支持宝山国际邮轮城建设；三是优化邮轮企业名称登记管理，更好体现邮轮经济特色；四是放宽邮轮企业住所登记条件，探索实施集中登记地管理；五是创新邮轮企业经营范围表述，支持新兴业态发展；六是优化市场准入环境，简化邮轮企业登记程序；七是推进实施商标品牌战略，集聚邮轮产业发展优势；八是规范邮轮旅游市场秩序，维护消费者合法权益；九是创新监管方式，促进邮轮市场健康发展等9条政策措施。

同时，为进一步加强上海邮轮运输安全管理，规范邮轮运输企业经营行为，形成可复制、可推广的做法和经验，2017年12月底，上海市交通委员会、上海市旅游局、上海出入境边防检查总站联合发布了《关于上海试点邮轮船票制度的通知》，根据规定自2018年1月1日起，上海港出发的所有母港邮轮航次全面实行统一使用上海港邮轮登船凭证。3月31日起，上海将全面推行凭票进港、凭票登船，届时，上海港将成为全国首家全面试点邮轮船票制度的港口。

2018年1月4日，《上海市城市总体规划（2017—2035年）》（以下简称《上海2035》）正式发布。《上海2035》中明确提出，依托吴淞口国际邮轮港和北外滩国际客运中心，结合杭州湾北岸地区生活岸线功能调整，完善全市客运港区布局，推动邮轮母港以及游艇、游船等码头设施建设。

作为亚洲第一、全球第四的国际邮轮母港——宝山吴淞口国际邮轮港于2011年10月开港，每年吸引上百万游客来到宝山，带动宝山区旅游产业实现了快速发展。2018年2月，宝山区政府出台《关于加快宝山邮轮经济发展的实施意见》，旨在抓住“一带一路”国际合作和上海建设国际航运中心等机遇目标，践行中国邮轮旅游发展实验区的创新使命，主动对接上海自贸区和自由贸易港建设，建立健全体制机制，为邮轮企业提供更优的发展环境，加快形成产业集群，全面推进邮轮经济发展和邮轮滨江带建设。实施意见共包括35条，包括每年由财政安排不少于1亿元用于支持邮轮经济发展、打造具有全球影响力的邮轮企业总部基地、建设具有全球竞争力的邮轮母港、构筑全产业链的邮轮经济发展高地、推动产城融合区港联动发展和优化邮轮经济发展的营商环境等。

2018年6月14日，上海市政府发布《上海国际航运中心建设三年行动计划（2018—2020年）》。其中提出推进吴淞口国际邮轮码头后续工程建设，优化完善综合交通和口岸配套设施；建立邮轮旅客凭票进港凭票登船机制。2018年10月，上海市发布《关于促进本市邮轮经济深化发展的若干意见》，为建设国际一流邮轮港、促进邮轮全产业链发展、打造上海邮轮经济升级版、助力提升本市城市能级和核心竞争力提出了若干意见。

（三）东南沿海地区

1. 福州

2017 年 7 月，福州成为第 5 个获批的“中国邮轮旅游发展实验区”城市。同年 12 月 18 日，福州市人民政府印发《福州市邮轮产业发展规划》（以下简称《规划》）。根据《规划》，福州邮轮旅游发展实验区，将以邮轮母港建设为依托，延伸邮轮全产业链为重点，以旅游休闲和港航服务两大产业为支柱，借助“邮轮 +”助力“海上福州”旅游发展以及城市综合服务能力提升，打造政策创新型海丝区域性邮轮母港。

2. 厦门

厦门国际邮轮母港是我国四大邮轮母港之一，也是国家确定的邮轮运输试点示范港。2017 年 6 月 7 日，厦门邮轮物供“快速通道”模式在厦门自贸片区国际邮轮中心码头正式启动。该模式采用“保税供船”“进口直供”等新监管模式，在全国尚属首例。邮轮物供“快速通道”政策落地，不仅为邮轮经济带来新的商机和活力，也实现了厦门集装箱枢纽港优势与国际邮轮母港建设机遇的产业对接、融合发展，对当前正在推进的港口产业转型发展有重大意义。

2018 年 5 月 31 日，厦门自贸片区管委会印发《关于促进厦门自贸试验区邮轮船供服务业发展的暂行办法》（以下简称《办法》），依托厦门国际航运中心平台建设东风，发挥厦门片区邮轮物供发展的政策优势，打造与国际接轨的标准化、规范化邮轮服务，助力厦门国际邮轮母港建设。《办法》将重点支持厦门自贸片区发展国际邮轮物资国内采购业务和转运国际货柜到邮轮的进口物资供应链服务产业，进一步吸引国际邮轮公司选择在厦门本地采购或在厦门港实施供船进口物品的整箱中转直供，为邮轮物供产业发展提供新引擎，有效提升国际邮轮来港常态化运营吸引力。

（四）珠江三角洲地区

1. 广州

2017 年 2 月 16 日，《南沙国际邮轮码头综合体规划》获批复，该项目分成两个地块：地块一建设航站楼和大型商业中心，配有海员俱乐部；地块二全部用于开发住宅小区，并配套居委会、文化活动站、社区卫生服务站等。

2017 年 6 月 19 日，广州市人民政府正式发布《广州市人民政府关于进一步加快旅游业发展的意见》（以下简称《意见》）。《意见》明确提出：“丰富提升休闲度假旅游产品供给，积极开发滨海、江河等旅游资源，大力开发邮轮旅游产品，科学规划生态岸线，按照国际标准配套各类旅游服务基础设施，丰富旅游元素，打造现代化滨海旅游产品，南沙区重点发展邮轮游艇滨海旅游集聚区，积极开展国际旅游招商引资，重点引进邮轮集团和跨国旅游集团等企业落户广州；积极争取国家和省支持，将我市‘72 小时过境免签’政策延长到 144 小时，争取实施外国旅游团经南沙口岸乘坐邮轮入境 15 天内免签政策，积极申报中国（广州南沙）邮轮旅游发展实验区。落实境外旅客购物离境退税政策，在重要口岸新增进境免税店。”

2018 年 4 月 27 日，广州市人民政府印发《建设广州国际航运中心三年行动计划（2018—2020 年）》（以下简称《行动计划》）。《行动计划》明确到 2020 年，基本建成南沙国际邮轮码头，邮轮旅客吞吐量完成 75 万人次，力争达到 100 万人次。同时，提出了发展水上休闲产业，完善邮轮旅游产业体系。制订广州邮轮产业发展中长期规划，争取成为国家邮轮旅游发展实验区，开展邮轮综合旅游政策和创新试点。鼓励境内外邮轮公司在广州开辟邮轮航线，推动邮轮旅游与游艇旅游、“珠江游”及岸上旅游的有机融合，丰富粤港澳大湾区邮轮综合旅游产品。编制邮轮安全及突发事件的应急处置预案，制定与国际接轨的邮轮旅游服务标准化体系。鼓励发展邮轮设计、修造、供应、人才培训、邮轮旅游保险、免税购物等邮轮旅游服务产业。推进实施过境和出入境免签政策。完善珠三角机场群、高铁站、客运站至南沙邮轮码头旅客快速便捷通道。深化主辅结合的邮轮布局发展模式研究，南沙作为主力港，以大中型邮轮为主；黄埔为辅助港，以中小型邮轮为主。开展黄埔邮轮码头配套航道疏浚工程的相关工作。通过差异化、错位发展，实现优势互补、良性互动，推动邮轮产业快速健康发展。

此外，广州市政府将促进游艇业健康发展，支持在广州建设区域性国际游艇博览交易中心，发展游艇生产维修保养、设计、展览、人才培训等产业。落实穗港澳游艇双向“自由行”，完善游艇出入境管理机制，争取游艇入境 15 天免签政策。

2. 深圳

2017 年 7 月 4 日，深圳市邮轮旅游联盟暨深圳市旅游行业协会邮轮专业委员会在深圳蛇口太子湾邮轮母港宣布成立，深圳招商蛇口国际邮轮母港有限公司协同广东中旅（深圳）旅行社有限公司等 12 家旅行社担任首届执委，旨在通过联盟成员间的资源整合和互动交流，加快邮轮旅游文化传播，实现整个行业的互利互赢、共进共惠。

2017 年 10 月 1 日，深圳蛇口太子湾邮轮母港正式实行船票实名制，对购买船票进行实名登记及入闸实名查验，旅客乘船购买船票时要出示有效证件，登船时要人、票、证统一。

同时，为提升深圳市对邮轮旅游突发事件的处置能力，建立市政府、政府各部门及企业间协同配合的应急体系，规范应急响应行动程序，保证有序、高效、妥善地处置深圳突发事件，迅速控制事态发展，最大限度地减少人员伤亡和财产损失，最短时间内恢复邮轮运营正常秩序，2017 年 11 月，深圳市人民政府应急管理办公室发布《深圳市邮轮旅游突发事件应急预案》，适用于在深圳市管辖水域及深圳蛇口邮轮中心发生的有关邮轮旅游突发事件的应急处置行动。

（五）西南沿海地区

1. 海口

2018 年 5 月 22 日，海口市通过了《海口市鼓励邮轮产业发展财政补贴实施办法》，对邮轮公司（或包租邮轮的企业）、邮轮港口经营企业和拓展邮轮业务的旅行社给予补贴。始发港邮轮航线对邮轮公司（或包租邮轮的企业）、邮轮港口经营企业、旅行社承接游客的补贴按照航季结算；访问港邮轮航线对邮轮公司（或包租邮轮的企业）、邮轮港口经营企业、旅行社招徕游客的补贴按每半年度结算。

海口此次出台的鼓励邮轮产业发展财政补贴办法与省出台的邮轮补贴办法将形成叠加效应，目的就是给邮轮经营企业重奖，鼓励海口邮轮航线开发。同时将极大地推动海口邮轮产业发展，将海口打造成为亚太地区重要的国际邮轮始发港和国际邮轮旅游目的地。

2. 三亚

2017 年 3 月 3 日，三亚市人民政府印发《三亚市人民政府关于印发争取国家层面协调重大政策的实施方案的通知》。一是批准凤凰岛国际邮轮港区作为海南拟建的自由贸易区项目，支持在三亚凤凰岛国际邮轮港区实行国际邮轮燃油保税、境外供应品保税、境内供应品离港退税、旅客离港退税及邮轮售卖品国际贸易便利化政策；为旅客出入境提供快捷方便的检查通关服务；允许外商进驻开展国际邮轮管理业务；执行上海自贸区的外商投资管理、金融服务、文化娱乐活动政策。二是支持三亚开辟经西沙、南沙至新加坡、马来西亚、印尼、文莱等国际邮轮旅游航线，以推动中国与东盟各国邮轮旅游正常化。此外，可划定航线海区景点，批准外籍邮轮（含中资邮轮）开展三亚—南海无目的地海上游。三是进口邮轮国家需征收 5% 的进口关税和 17% 的进口环节增值税，船龄超过 10 年不准进口，中国企业买邮轮不愿（或不能）入中国籍，支持购置外国邮轮政策方面给予突破。四是发起设立南海周边国家有关部门、港口码头、旅行社和邮轮公司参与组成的中国—东盟南海邮轮旅游促进会，依托中国—东盟海上合作基金、博鳌亚洲论坛、亚洲邮轮协会等平台机制，多层次开展合作，以促进中国与东盟各国邮轮旅游稳定发展。五是建立三亚口岸与泛珠区域口岸、境外口岸机构之间通关协作机制，共享邮轮及船员、游客的资料信息，口岸通关政策衔接，实现邮轮旅游通关便利化。

2017 年 9 月 25 日，《三亚市鼓励邮轮旅游产业发展财政奖励实施办法》（以下简称

《办法》）获审议通过。根据《办法》，邮轮旅游产业发展财政奖励对象包括在三亚邮轮港开设邮轮旅游始发航线或挂靠航线业务的境内外邮轮公司（或包船旅行社）和三亚邮轮港口经营企业。旨在进一步加大对邮轮旅游产业的扶持力度，打造三亚旅游新业态，提升三亚国际化程度和水平。母港邮轮航次奖励方面，对邮轮公司、邮轮经营人及租赁（或包租）邮轮的企业开辟三亚母港航线按照航次（邮轮进、出港各一次视为一航次，以离开港时间为准）予以奖励，每航次奖励10万元，邮轮游客人数超过3000人以上的，再奖励5万元；访问港邮轮奖励方面，对邮轮公司、邮轮经营人将三亚作为访问港的邮轮航线按照始发地予以奖励。始发地为国内城市的邮轮每航次奖励10万元，停靠三亚邮轮游客超过3000人的，再奖励5万元；始发地为港澳台地区的邮轮每航次奖励30万元，停靠三亚邮轮游客超过3000人的，再奖励10万元；始发地为亚洲国家的邮轮每航次奖励60万元，停靠三亚邮轮游客超过3000人的，再奖励15万元；始发地为亚洲以外国家的邮轮每航次奖励90万元，停靠三亚邮轮游客超过1000人的，再奖励20万元；邮轮港经营企业奖励方面，对三亚邮轮港年接待国际邮轮游客达到15万人次（含）至20万人次的，奖励200万元；20万人次（含）至25万人次的，奖励300万元；25万人次（含）以上的，奖励400万元。

3. 海南省

2017年1月18日，《海南省鼓励邮轮旅游产业发展财政奖励实施办法（试行）》（以下简称《办法》）正式下发。根据《办法》，有关邮轮公司、邮轮港口（码头）经营企业、邮轮代理服务公司，以及邮轮公司指定的地接旅行社等都将根据其业绩获得奖励。其中，对邮轮公司、邮轮经营人及租赁（或包租）邮轮的企业开辟海南（海口或三亚）母港航线的，按照当年累计运行航次分类予以奖励，最高奖励达每航次40万元。

同时，为进一步扩大对外开放，持续改善营商环境，吸引外商来琼投资，2017年12月6日，海南省政府出台《关于扩大对外开放积极利用外资的实施意见》（以下简称《意见》），明确鼓励外商投资领域、完善吸引外资政策、进一步加强外资招商工作等内容。根据《意见》，海南省将继续扩大旅游业对外开放。深化与东盟的交流合作，加强互联互通，共同打造“泛南海旅游经济圈”。鼓励外籍邮轮开辟“一程多站”的跨国航线挂靠海南省，打造环南海跨国邮轮旅游航线。

2017年12月9日，海南省政府办公厅正式印发《海南省旅游发展总体规划（2017—2030年）》（以下简称《规划》），提出将以西沙邮轮旅游为基础，积极推进海陆空立体旅游方式；加强海南邮轮航线与国内滨海城市、港口的航线对接，推动开辟海南与“21世纪海上丝绸之路”沿线国家之间的跨国邮轮航线和“泛南海”邮轮航线；提升海口秀英港邮轮综合配套服务能力；鼓励支持国内大型企业投资建设邮轮港和购买、租用邮轮；支持国内外企业在海南注册国际邮轮公司，或与海南本地企业组建国际邮轮公司，参与邮轮旅游运营。

此外，经国务院批准，自 2018 年 5 月 1 日起，在海南省实施 59 国人员入境旅游免签政策，免签入境后停留时间从 15 天或 21 天统一延长至 30 天。政策的出台有利于鼓励更多的外国人赴海南岛旅游，促进入境旅游市场更加活跃发展，形成更加开放的新格局。同时也为海南省邮轮产业的发展迎来更多新机遇。

2017—2018 年度地方政府邮轮产业相关政策法规一览表如表 7-2 所示。

表 7-2　2017—2018 年度地方政府邮轮产业相关政策法规一览表

地区	城市	日期	政策法规名称
环渤海	青岛	2017 年 1 月	《关于促进海运业健康发展的实施意见》
		2017 年 2 月	《青岛市建设中国邮轮旅游发展实验区实施方案》
		2017 年 4 月	《关于贯彻落实青岛市建设中国邮轮旅游发展实验区实施方案推动邮轮旅游发展的若干措施》
	烟台	2017 年 4 月	《烟台港总体规划（2016—2030 年）》
	威海	2017 年 12 月	《威海市发展国际邮轮旅游产业财政奖励意见》
	大连	2018 年 2 月	《关于加快邮轮旅游发展实验区建设的实施意见》
	山东省	2017 年 12 月	《服务邮轮和海上旅游休闲产业八项举措》
		2018 年 5 月	《山东海洋强省建设行动方案》
长江三角洲	上海	2017 年 11 月	《关于支持宝山区邮轮产业发展的若干意见》
		2017 年 12 月	《关于上海试点邮轮船票制度的通知》
		2018 年 1 月	《上海市城市总体规划（2017—2035 年）》
		2018 年 2 月	《关于加快宝山邮轮经济发展的实施意见》
		2018 年 6 月	《上海国际航运中心建设三年行动计划（2018—2020 年）》
		2018 年 10 月	《关于促进本市邮轮经济深化发展的若干意见》
东南沿海	福州	2017 年 12 月	《福州市邮轮产业发展规划》
	厦门	2018 年 5 月	《关于促进厦门自贸试验区邮轮船供服务业发展的暂行办法》
珠江三角洲	广州	2017 年 2 月	《南沙国际邮轮码头综合体规划》
		2017 年 6 月	《广州市人民政府关于进一步加快旅游业发展的意见》
		2018 年 4 月	《建设广州国际航运中心三年行动计划（2018—2020 年）》
	深圳	2017 年 11 月	《深圳市邮轮旅游突发事件应急预案》

续表

地区	城市	日期	政策法规名称
西南沿海	海口	2018年5月	《海口市鼓励邮轮产业发展财政补贴实施办法》
	三亚	2017年3月	《三亚市人民政府关于印发争取国家层面协调重大政策的实施方案的通知》
		2017年9月	《三亚市鼓励邮轮旅游产业发展财政奖励实施办法》
	海南省	2017年1月	《海南省鼓励邮轮旅游产业发展财政奖励实施办法（试行）》
		2017年12月	《关于扩大对外开放积极利用外资的实施意见》
		2017年12月	《海南省旅游发展总体规划（2017—2030年）》

资料来源：亚洲邮轮学院整理，2018。

第八章 邮轮产业热点

一、邮轮建造启动

邮轮建造被誉为摘取造船行业皇冠上的明珠。目前，世界邮轮设计制造及配套产业链主要集中在欧洲，欧洲的邮轮制造科学技术在世界遥遥领先，在高技术壁垒、高经济效益的邮轮设计研发制造方面获得巨额回报，一直以来都是世界邮轮制造业强竞争力的领军者。

尽管我国在邮轮产业上游高附加值船舶的设计、制造方面还是空白，但中国企业砥砺前行，开始尝试探索打破海外邮轮公司对华市场垄断，自主设计、建设并运营本土邮轮。

2016年，中船、中投与嘉年华邮轮集团签署开发中国本土豪华邮轮品牌的协议，大力开发中国市场。为突破技术瓶颈，中船和芬坎蒂尼公司在制造技术方面开展合作。上海外高桥船公司借助自身在造船方面的良好优势，准备制造中国第一艘豪华邮轮，开创我国制造邮轮的历史先河。

2017年3月31日，中国旅游集团公司和中国船舶工业集团公司在北京签署全面战略合作协议，并正式启动了国产中小型邮轮项目合作。根据战略合作协议，双方拟发挥各自在旅游产业和装备产业领域的优势，重点加强邮轮产业领域合作，合力打通邮轮销售、运营、设计制造等上下游产业链，携手推动本土邮轮产业发展，并以此为基础拓展海洋旅游、高端旅游装备、金融投资等多领域的合作。

2017年4月27日，招商局工业集团有限公司与探险邮轮船东——美国SunStone Ships公司签订了4+6艘极地探险邮轮建造合同。由此，招商局集团迈出了进军豪华邮轮建造领域重要的第一步。2018年3月16日，招商局工业建造的中国首艘极地探险邮轮割板开工。

2017年11月9日，招商局工业和太湖国际邮轮有限公司签订了2+2艘豪华邮轮合作框架协议。

2018 年 9 月 4 日，招商局集团与中国铝业集团有限公司签署邮轮制造项目合作框架协议，深化双方在邮轮制造业的战略合作，加快培育和打造中国豪华邮轮制造产业。

2018 年 9 月 27 日，交通运输部等 10 部委正式发布《关于促进我国邮轮经济发展的若干意见》(以下简称《意见》)，提出加快推进我国邮轮建造及配套装备产业发展的战略部署。《意见》指出：要积极推进制造强国战略，突破豪华邮轮设计建造技术，参与国际邮轮制造业体系分工和配套，促进装备制造业迈向全球价值链中高端。

《意见》实质上是中央对于中国邮轮产业未来发展的纲领性文件，它将邮轮产业所涉及的人、财、物、事四大要素高度地集约起来，充分显示中央政府举全国之力下好邮轮经济发展这盘棋的决心和信心。

《意见》为今后几年中国企业邮轮建造指明了方向，明确邮轮建造需重点突破豪华邮轮设计建造技术，鼓励合资合作方式，形成多元投入格局，加快实现首艘大型邮轮建造。鼓励通过“引进消化吸收再创新”和“自主创新”相结合的模式，推进邮轮设计建造逐步达到世界先进水平，完善和优化邮轮建造配套供应链体系。《意见》的出台对于中国邮轮建造必将具有里程碑式的意义。

二、邮轮运力调整

2017—2018 年中国邮轮市场进入调整期，各大国际邮轮公司纷纷调整在华运营战略。2017 年，在华邮轮市场投放运力同比上一年相差较小，诺唯真邮轮携旗下为中国量身定制的喜悦号首次进军中国市场，星梦邮轮和公主邮轮纷纷投放了为中国市场量身定制的世界梦号和盛世公主号两艘新邮轮；与此同时，丽星邮轮旗下天秤星号、皇家加勒比游轮旗下海洋神话号和海洋水手号、精致邮轮旗下千禧年，云顶香港旗下云顶梦号以及公主邮轮旗下蓝宝石公主号和黄金公主号因邮轮集团全球战略布局调离中国市场运营。

2018 年，中国邮轮市场迎来发展史上的首次运力大调整，歌诗达维多利亚号、皇家加勒比海洋赞礼号、地中海抒情号、盛世公主号、天海新世纪号等邮轮将在 2018 年的不同季节调离中国市场，诺唯真喜悦号将在 2019 年调离中国市场，届时，公主邮轮、诺唯真邮轮将暂别中国市场，中国首家本土豪华邮轮品牌——天海邮轮在运营 300 余个航次之后将彻底告别中国市场。2019 年将仅有歌诗达邮轮旗下威尼斯号、皇家加勒比游轮旗下海洋光谱号两艘邮轮在华投放，中国邮轮市场运力不增反减。

2017—2018 年中国邮轮市场发展增速放缓，此前，国际邮轮公司在华市场运力持续加码，中国邮轮旅游市场还未培育成熟，在得益于包船模式爆发式增长的邮轮市场背后是长期的低价运行和邮轮品质下降，同时，受地缘政治因素、国家假期制度、地理位置导致的邮轮产品单一、国家相关政策等因素的影响，邮轮公司在华运营压力倍增，开始对中国市场有了新的考量和战略。面对此次中国邮轮市场运力大调整，皇家加勒比游轮、公主邮轮、诺唯真邮轮等各大邮轮公司表示在中国市场的运力调整是公司整体战略规划所需，其对中国市场的信心没有改变，其在华发展的决心同样没有改变。随着中国邮轮市场的全面调整，未来市场将逐渐回归理性。

三、华南市场升温

中国邮轮市场在经历了十多年的高速增长后，至 2017 年逐渐趋于平稳，华北市场和华东市场分别依托天津邮轮港和上海邮轮港在黄金十年里呈井喷式增长趋势，而华南市场的邮轮旅游发展势头尚不明显。

此前，中国邮轮港口布局规划尚不完善，华北市场腹地京津冀地区、华东市场腹地长三角地区经济发达、人口集中、交通便利，具备邮轮旅游发展的优势条件；而华南地区的邮轮市场以香港为中心，随着广州南沙邮轮港和深圳蛇口邮轮港规划建设和运营，仅两年时间，就占据了全国 12% 的市场份额，已经远超优先发展的青岛港和厦门港。综合分析，2017 年华南地区市场占有率比 2016 年同比增长了 5%；从华南地区的市场发展趋势分析，广州南沙邮轮港增长速度惊人，年增长率达 24%，远超我国邮轮市场发展整体趋势。

2016 年、2017 年我国各大邮轮港口市场占比如图 8-1 所示。

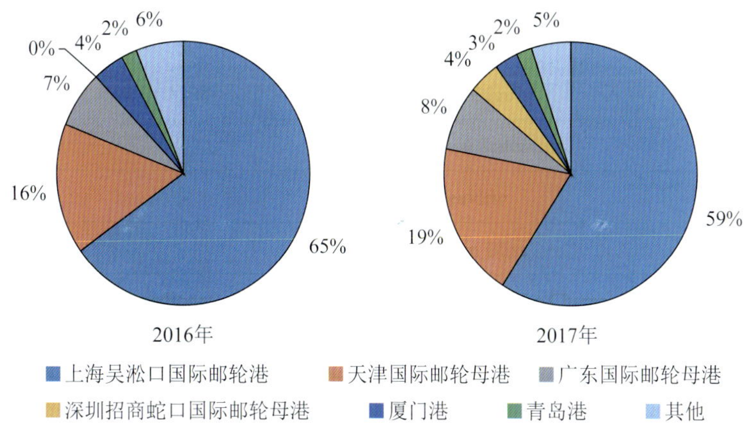

图 8-1　2016 年、2017 年我国各大邮轮港口市场占比

资料来源：亚洲邮轮学院整理，2018。

2015—2017 年华南地区邮轮接待人次趋势图如图 8-2 所示。

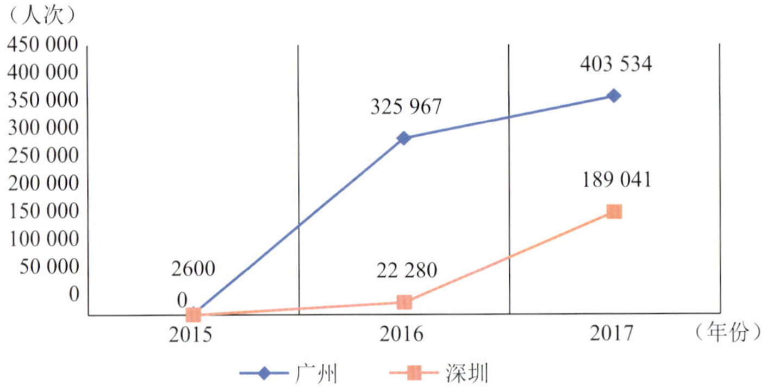

图 8-2　2015—2017 年华南地区邮轮接待人次趋势图

资料来源：亚洲邮轮学院整理，2018。

综合分析华南地区近两年的邮轮市场发展情况，其市场快速增长受益于以下方面。

（1）腹地经济和客源：华南市场腹地——珠三角地区经济实力雄厚，天津港依托北京，上海港倚靠上海，华南地区拥有广州和深圳两大城市，人均可自由支配收入较高，追求高质量的旅游生活，其客源市场潜力巨大。

（2）交通条件：华南市场的香港港、广州港、深圳港所依托的港口城市交通、基础设施配套完善，邻近大型机场、高铁站，海陆空交通立体网络完备，海港城一体化发展。

（3）自然条件：华南地区温暖湿润，气候宜人，全年适航，尤其是在上海港和天津港的冬季淡季时期，华南地区占据极大优势。

（4）邮轮产品：华东、华北地区的始发航线以日韩航线购物游为主，创新性航线极少，且目前受萨德事件影响全面取消韩国航线；经过多年发展后，对于游客吸引力下降，造成市场疲乏。华南地区以香港 / 东南亚航线为主，东南亚岛屿众多，风土人情各不相同，对于游客的吸引力更强，政治原因影响对其干扰性小于华东和华北市场。

四、邮轮船票试点

2017 年 10 月 31 日，国家交通部水运局复函上海市交通委，同意在上海试点邮轮船票制度。同期，上海市交通委制订了《上海实施邮轮船票制度方案（试行）》，并广泛征求行业意见，于 2017 年 12 月 23 日联合上海市旅游局、上海边检总站联合发布了《关于上海试点邮轮船票制度的通知》（沪交航〔2017〕1464 号），明确于 2018 年 1 月 1 日起，上海港出发的所有母港航次全面实行邮轮船票制度。

邮轮船票制度贯彻了《中华人民共和国反恐怖主义法》《中华人民共和国出境入境

管理法》《中华人民共和国海商法》《中华人民共和国国际海运条例》等要求，对进一步加强上海邮轮运输安全管理，规范邮轮运输企业经营行为，促进上海邮轮健康持续发展有着重要意义。

1. 试点工作目标

以规范邮轮运输经营行为、维护各方合法权益、保障邮轮运输公共安全、提升邮轮运输服务水平为目的，通过建立邮轮船票管理制度，完善船票售票、出票、验票的全流程管理，明确邮轮公司与游客之间的法律管理，实现邮轮旅客运输实名售票、实名验票、凭票进港、凭票登轮。

2. 试点范围

（1）上海吴淞口国际邮轮港、上海港国际客运中心。

（2）在沪开辟邮轮母港航线的邮轮公司。

3. 试点要求

（1）统一使用上海港邮轮登船凭证，样张如图 8–3 所示。

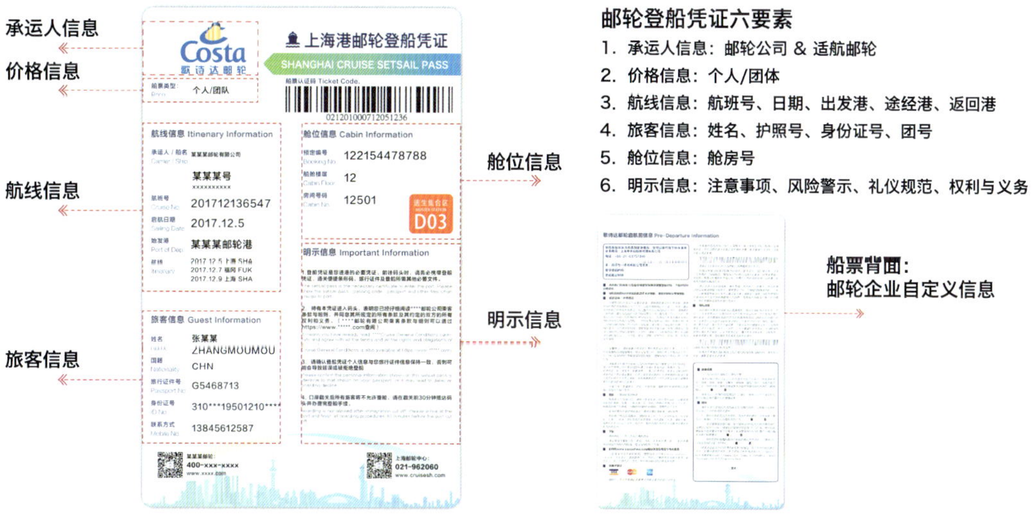

样张尺寸：204mmx135mm

图 8–3　上海港邮轮登船凭证样张

（2）统一使用便捷通关认证码。

（3）实施邮轮旅客信息 72 小时预报制度。

（4）实施进港旅客登船凭证和身份查验制度。

邮轮船票是海上旅客运输合同成立的凭证，是邮轮公司与游客运输法律关系的证明，在保障邮轮运输各方合法权益、维护公共安全与管理秩序、推动邮轮产业提质增效等方面具有重要作用。经过近一年的试点和不断完善，邮轮船票制度已经取得了阶段性的成果，在接受了交通部验收后，将会向全国进行全面推广。

第九章 邮轮产业评析

一、中国邮轮产业发展存在的主要问题

（一）邮轮产品丰富度不够

中国内地始发邮轮目的地 90% 以上为日本港口，这些港口主要集中在福冈、那霸、长崎、宫古岛等地，航线单一，同质化特征非常明显。根据 CLIA 发布的亚洲邮轮趋势分析，中国邮轮旅客平均邮轮天数为 4.9 天，91% 以上的旅客选择 4~6 天的行程。按照这个行程时间计算，华北、华东邮轮圈内港口城市始发的邮轮仅能到日本港口（不包含转港航次），华南邮轮圈内始发的邮轮目的地也只多了越南（岘港和下龙湾）这一个选择。

中国始发港航次与日本挂靠港航次前五名港口如表 9-1 所示。

表 9-1　中国始发港航次与日本挂靠港航次前五名港口

中国始发港（top5）	航次数量（艘次）	日本挂靠港（top5）	航次数量（艘次）
上海（Shanghai）	369	福冈（Fukuoka）	219
广州（Guangzhou）	104	那霸（Naha）	205
厦门（Xiamen）	87	长崎（Nagasaki）	210
天津（Tianjin）	81	宫古（Miyakojima）	204
深圳（Shenzhen）	75	石垣（Ishigaki）	143
总计	716	总计	981

资料来源：CLIA（Asia Cruise Trends 2018）。

邮轮目的地岸上游的质量是影响邮轮旅客体验的重要因素之一，受限于航线的单一性，邮轮目的地可选择余地本来就不大，岸上游产品的丰富程度更无从谈起。多数旅行社仍延续将邮轮船票与岸上游打包成组合产品向游客出售的做法。岸上游产品大多数是由购物和免费景点构成的，与邮轮本身独具特色的岸上游线路相去甚远，且购物店的购物体验比较差。以福冈为例，单船靠港的情况下，瞬间有 40~50 部大巴满载旅客集中在不足 5000 平方米的免税店内，购物和旅行体验难以满足大多数游客的需求。

从国际邮轮正式进入中国开启母港至今已有 12 年时间，这 12 年里，邮轮公司通过投放更大、更新的邮轮刺激市场，却始终没有跳出大众邮轮的范围。根据 CLIA 发布的亚洲邮轮趋势预测，2018 年在亚洲运营的邮轮品牌有 38 个，其中 18 个属于大众型邮轮，20 个高端及以上的邮轮品牌没有一个以中国为始发港运营。随着中国经济发展水平不断提升，中国游客差异化需求越来越明显，现有的邮轮产品已经不能满足细分市场的需求。

（二）邮轮产品分销渠道不畅

从 2012 年前后起，单船票销售模式开始消逝，逐渐形成了以旅行社包船 / 切舱为主的销售体系。2013—2017 年，市场上旅行社包船 / 切舱比例最高达到 90% 以上。该模式下，旅行社会将岸上游与船票打包，形成出境旅游产品进行销售。旅行社或是为了抢滩市场份额，或是基于销售压力频繁降低邮轮游产品的价格，低价甩舱现象比比皆是。

根据《旅游法》规定，销售邮轮出境游打包产品必须要有出境旅行社资质。据统计，目前仅有 200~300 家出境旅行社直接与邮轮公司以包船或切舱的形式签约。相比较而言，美国有大约 2 万家旅行社和代理为邮轮公司销售船票。美国邮轮市场规模大约是中国市场的 6 倍，交易额超过 10 倍。以此为依据测算，中国应该要有 1500 家旅行社与邮轮公司合作。显然，现有分销渠道数量无法支撑中国日渐庞大的市场规模，成为限制中国邮轮市场持续增长的瓶颈。

中国邮轮的渠道分销可以总结成为封闭型、人工操作模式，消费者、旅行社、邮轮公司之间没有系统连接，对市场变化后知后觉。没有成熟的分销系统，每个渠道各自为战，销售数据没有任何沉淀积累和分析。造成的结果就是对价格和库存的模糊管理，不利于供应商与消费者之间的信息互动，制约产业长久健康发展。

（三）沿海邮轮港口布局与定位不合理

从中国沿海港口布局来看，华南地区有三亚、海口、深圳、广州、香港、厦门等邮轮港口，华东地区有上海（两个邮轮码头）、舟山、温州等邮轮码头，北方地区大连、青岛、天津相距也不远。邮轮港口存在重复建设、过度超前建设的问题，各个邮轮港口城市圈内客源市场重叠现象较为严重。

2017年，全国邮轮靠泊主要集中在上海港、天津港、广州港和深圳港4港，上述港口邮轮到港数量和邮轮旅客吞吐量分别占全国的80%和91%，其余港口邮轮靠泊艘次始终处于低位状态，2018年至今甚至出现靠泊量为零的港口，保守估计有一半以上的港口资源处于闲置状态。

同时，邮轮运输呈现较为明显的季节性特征，天津港等北方港口靠泊旺季主要为夏季，广州、深圳港等南方港口主要为冬季，可实现80%以上的靠泊率，而邮轮淡季期间港口闲置率则非常高。由于目前中国邮轮市场的航线产品中国内各港口均为始发港，邮轮港口之间竞争态势日益严峻，各港口城市纷纷以政策和经济支持抢夺邮轮资源，争夺始发港地位，但实际上在诸多港口中还是上海一枝独秀，且外籍邮轮游客入境游比例较低。

（四）邮轮港口距离世界级邮轮枢纽港差距明显

访问港换乘是邮轮枢纽港的常规操作，多在区域开口长航线上出现，能带来双倍的入境游客。欧洲巴塞罗那、马赛等是邮轮访问港挂靠较多的城市。据MedCruise协会数据显示，巴塞罗那和马赛的邮轮访问港旅客2015年接待人次分别为117万人次和145万人次。其中巴塞罗那访问港人次几乎占所有邮轮游客数据的50%。亚洲比较典型的邮轮访问港城市是香港和新加坡。根据国际邮轮协会的《亚洲邮轮趋势报告》，2017年新加坡共计接待邮轮393艘次，出入境游客74.8万人次，其中访问港邮轮68艘次（换乘24艘次），占总艘次的17%。2017年我国香港共计接待邮轮309艘次，其中访问港146艘次（换乘109艘次），占总艘次的47%。而仅以上海港为例，自接待邮轮至今，尽管每年出入境邮轮游客数量都有较大增长，但2017年只有两艘次访问港换乘邮轮，相比周边区域邮轮枢纽港的规模差距仍然非常大。

除常规访问港挂靠，从全世界范围来看，搭乘其他交通工具到邮轮母港城市乘坐邮轮的游客也是邮轮入境旅游的重要组成部分。迈阿密和巴塞罗那等都属于这类港口的典范。根据Cruise Industry News提供的数据显示，2016年，迈阿密港口全年游客数量达到490万人次，其中非北美游客数量占比10%。2015年，巴塞罗那全年邮轮游客数量为254万人次，其中非欧洲游客数量占比45%。这两个邮轮港口城市客流量常年不衰，大量外籍游客搭乘飞机入境乘坐该港口的母港邮轮，且大多会安排几天船前或船后游，给当地旅游经济带来较大贡献。以上海港为例，2017年母港邮轮靠泊艘次达历史最高481艘次，出入境291万人次。辉煌的数据令人振奋，然而外籍游客搭乘飞机到上海体验上海母港邮轮产品的人数少之又少。

此外，互为母港操作是部分成熟邮轮旅游区域的常规做法，尤其是地中海区域的互为母港操作极为成熟。地中海地区航线主要有西地中海航线、东地中海航线，短期航线以7天为主，长期航线则10~14天不等，均已形成多母港操作的模式，多母港操作模式下每个港口均可作为始发港和目的港。

而目前国内的互为母港运作仍有待鼓励和扶持。丽星邮轮曾推出广州和香港联合母港航线，包括6天5晚越南航线、5天4晚冲绳航线、6天5晚菲律宾航线，但该航线始终未能长期稳定运营。2017年，“处女星号”以上海为母港运营期间也尝试多母港运作，为日本游客预留舱位，以吸引其随船访问上海，但总体效果并不理想。

（五）邮轮经济效应不明显

邮轮经济的核心部分是邮轮船公司，其经济增加值占整个邮轮经济的比例高达50%以上；其次是邮轮制造业，占比约为28%。对邮轮产业经济贡献率最高的是邮轮母港。邮轮母港首先是极具吸引力的旅游目的地，并能够提供物资补给、废弃物处理、船舶维护等综合服务。

目前，中国邮轮经济还处于初级发展的阶段，邮轮产业链布局尚存在较大缺失。邮轮港口城市的邮轮经济贡献与欧美母港邮轮城市相比远远不足，邮轮经济圈效应不明显。现阶段中国邮轮市场主要参与者都是国际邮轮公司，直接产生的对商品和服务的支出以及岸上人员员工工资等经济效应非常有限。中国在邮轮船舶设计、建造以及维修保养方面刚刚起步，短时间内经济影响尚不明显。此外，中国邮轮港口配套服务功能尚不完善，邮轮公司全球采购物资无法正常在母港实现供应。出于土地成本及人力成本等考量，邮轮公司宁愿在越南等地建立亚太邮轮物资配送中心，导致邮轮母港对经济的杠杆效应始终无法体现。

在欧美等邮轮产业发达地区，游客来自全世界，邮轮母港产生的是均衡的旅游贡献，不仅仅是单向的出境游客，而是同时有着众多的游客入境搭乘邮轮，一个航线上同区域城市都可获得巨大的旅游收入，而目前中国邮轮港口始发均是中国人，航线上也没有中国访问港设置，旅游消费大多流入了境外，导致邮轮游客带来的消费未对国内邮轮港口城市产生直接经济效应。

二、解决建议

（一）不断丰富邮轮产品，满足中国游客多样化需求

结合国人邮轮旅游消费习惯，目的地仍是选择邮轮产品时重点考虑的因素之一。因此，邮轮公司应积极开拓新的邮轮目的地，丰富母港邮轮航线，可适当提高邮轮产品吸引力。受制于中国港口与日本港口之间的距离较远，需要适当提高单航次时间才能带领游客到达更多更远的目的地，但这样势必增加海上航行时间。因此，合理优化船上娱乐

项目配合主题活动可适当提升旅客满意度。

根据上海市交通港航发展研究中心统计，受当前国内家庭结构模式的影响，90%以上的游客是以家庭为单位进行出游，其中，以4~6人出游为主，亲子游及老少同游合计占比49.1%。此外，全年出游月份分布显示，邮轮出游旺季在暑期，6~9月接近全年出游一半，其中7月高达13.4%，暑期为邮轮旅游旺季。因此，可重点关注暑期家庭出游客源市场需求，以迪士尼邮轮为典型代表的主题邮轮可作为中国邮轮产品供给差异化的参考方向。

目前，从国家到地方层面都积极鼓励推进邮轮航线创新，以中资邮轮为依托的公海游、沿海游航线或许会对目前产品有较好补充。同时，基于多港挂靠政策的航线产品也可以有所尝试。相关邮轮公司应抓住机遇，积极配合政策，创造更多的航线组合。

此外，邮轮船上产品设计值得邮轮公司高度关注。皇家加勒比游轮丰富的现代化娱乐设施成为其邮轮最大的卖点。歌诗达邮轮也积极与意甲足球俱乐部尤文图斯合作，用心打造主题邮轮。在目前的市场环境下，邮轮公司必须在邮轮本身上做更多的设计，强调产品差异化，为旅客提供难忘的体验，进而形成口碑营销，扩大邮轮旅游的市场影响力和美誉度。邮轮船上服务也是值得改进的关键。作为全球化的旅游产品，邮轮公司应重视品牌打造，对接国际邮轮服务标准，逐步引导和改善邮轮旅客的消费习惯，让邮轮船上服务成为提升旅客体验的重要环节。

最后，岸上游品质亟须得到改善。不论是旅行社打包岸上游和船票进行销售，还是单船票销售模式下邮轮公司提供的岸上游，都必须提供更多高品质的岸上游产品，如深度体验、特色体验等，也可以考虑提供穿梭巴士，允许游客有更自由的活动安排。

（二）采取有效措施拓宽邮轮销售渠道

包船销售的模式已经暴露出弊端，邮轮公司应适时调整分销策略，扩大直销比例。据线上票务代理统计，成熟邮轮市场船票直销比例达超过30%，而中国邮轮市场上船票直销比例不足5%。采用直销模式带给邮轮公司直接的市场反馈，邮轮公司可以提前准确预判市场，调整价格、找寻其他渠道等手段销售滞销库存。另外，通过直销模式，邮轮公司可及时掌握游客对产品的满意度，适当调整产品供给以提高复购率，减轻获取新客源的压力。

邮轮船票制度的推出与施行，已经解决了邮轮船票隐形化的问题，使得邮轮船票的概念逐渐明晰，为邮轮船票销售脱离出境游打包产品销售打下了基础。从2018年中国邮轮船票试点推进成果来看，邮轮旅游主管部门已经很清楚地认识到目前邮轮船票销售体系中的问题。建议政府有关部门进一步制定邮轮船票代理相关制度，或者认可邮轮船票属于非特许经营业务，鼓励将邮轮船票从邮轮旅游产品中剥离出来，支持更多的非出境旅行社或者其他票务代理机构销售邮轮船票。

（三）沿海邮轮港口在新的产业背景下找准定位，充分发挥各自优势

不同于货运码头，同一区域内的邮轮港口合作的潜力远远大于竞争的压力，各港口虽然同属一个港口圈，共同分享邮轮客源市场，但也在同一个邮轮旅游航线上。同一航线上不同邮轮港口的错位发展，不仅能创造更好的邮轮航线，而且能更好地打造邮轮旅游目的地，实现交通运输和旅游的双拉动效应。

邮轮港口以共同业务和利益互相联系，同时又为各自发展而展开竞争。近年来，国家相关政策的支持与重视远超预期。2015 年交通运输部公布了《全国沿海邮轮港口布局规划方案》，要求沿海邮轮港口科学规划，合理定位，错位竞争。各邮轮港口可通过错位发展和资本合作，促进资源共享，增强邮轮港口群的整体竞争力。探讨开展邮轮港口资本投资合作，通过资本、股权或行政的合作等方式建立更加紧密的合作关系，以调节和优化邮轮港口布局，改善竞争态势。鼓励港口跨区域投资，促进港口多方参股、控股、交叉持股等多种方式形成紧密的利益共同体。

中国港口协会作为统筹协调全国港口发展的平台，可进一步开展加强港口区域合作研究，在各港口企业间定期开展信息交流，促进邮轮港口城市良性竞争。在提升各邮轮港口城市的自身研究能力，培养邮轮经济相关人才的同时，加深邮轮港口之间的相互了解，为加强合作奠定基础。其中，值得大力推广邮轮多点挂靠航线，并在此基础上开发多母港产品，盘活各港口城市的客源和旅游资源，尽量将旅游消费留在国内，才能打开中国邮轮母港城市间竞合关系的新局面。

此外，邮轮港口城市应结合区域经济、政策特点，充分发挥优势，从产业链各个环节如船舶设计、船舶建造、物资供应等方面入手，实现区域产业集聚，辐射全国乃至整个亚洲区域，从整体层面上享受邮轮产业综合发展带来的效益。

（四）积极吸引外籍邮轮游客入境旅游

母港城市旅游主管部门应采取积极措施，吸引外籍邮轮旅客入境旅游，真正发挥邮轮旅游的经济带动效应。各港口城市的旅游局在对外推广时应增加邮轮入境旅游推广的内容。鼓励在亚洲部署的邮轮公司开展国内沿海邮轮港口与其他境外港口的互为母港操作，鼓励将国内沿海港口纳入访问港挂靠点。针对国际中高端及奢华邮轮公司，加大沟通和营销力度。加强与船公司、旅行社的互动，开拓更多访问港邮轮游客的陆上观光活动，丰富游客岸上游体验。

鼓励中国沿海港口城市之间开设互为母港的邮轮航线，甚至可以进行多母港运作的探索，即航线上各个港口均可以作为母港上下客，形成航线组合基础上的区域邮轮旅游

产品。多母港航线除了需要邮轮公司的主导推动外，有条件的邮轮港口也应参与其中，在开发始发港客源的同时，能够吸引更多访问港客源，真正实现邮轮经济的城市间合作和互动。

吸引境外邮轮旅客入境旅游的手段还包括发挥国际邮轮公司全球渠道的作用，鼓励其在全球范围内售卖舱位。欧美游客预订期提前量为一年到一年半，而中国游客预订提前期只有3~6个月。在具体操作上，可提前一年半开放全球售卖，提前一年左右根据剩余舱位情况开展国内销售。针对开放全球销售渠道吸引外籍游客入境的邮轮公司，建议提供相关扶持政策；针对乘坐国内母港邮轮的外籍游客，建议通过政府扶持提供价格优惠的岸上游以及便利的地接服务，以吸引外籍游客增加在国内的邮轮行程前后的消费。

（五）打造真正属于中国市场的邮轮经济

想要真正实现中国邮轮产业的经济效应，需要在中国合理布局邮轮产业，实现邮轮上、下游全产业链，释放修造船、物资供应等市场潜力。

目前，我国邮轮修造船业务已然起步，应持续鼓励与支持中国邮轮修造企业应在实践中运用多种方式，逐步掌握邮轮总包建造技术，提升工程组织和供应链管理能力，带动邮轮专用配套设备的发展，形成比较完整的邮轮制造产业链。

在物资供应方面，政府应从更高的层面进行统一协调，促进邮轮船供模式与国际接轨。邮轮母港应该充分利用区位优势，打造邮轮物资供应中心，为邮轮船供提供物流、仓储、装卸等硬件资源，补齐国内邮轮产业发展中物料供应的短板。同时，可积极协调监管单位、物料供应代理企业等打造快速高效的邮轮物资供应平台，提升母港综合服务能力，从整体层面享受邮轮产业综合发展带来的效益。

邮轮公司是邮轮产业链的核心，目前全球邮轮市场供给总体呈现寡头垄断格局，全球四大邮轮公司——嘉年华集团、皇家加勒比集团、诺唯真集团及地中海邮轮公司占有全球邮轮旅游市场近85%的市场份额，中国的本土邮轮发展步履维艰。随着中国经济的持续稳定向好，中国邮轮市场前景十分广阔，应加大对本土邮轮的培育与扶持力度，可通过扶持资金的支持、航线政策的有条件开放等，为本土邮轮企业提供竞争优势，鼓励本土邮轮发展，使之及早形成规模，壮大本土邮轮力量。

在邮轮母港竞争日益激烈、港口经济带动效益不足的当下，鼓励邮轮港口创新母港建设，将邮轮旅游与商旅、文化、体育等产业相结合，走港城融合的发展之路，把港口建设成为集客运中心、商业、休闲娱乐和旅游休闲为一体的母港综合体，实现邮轮母港形成以国际邮轮为中心的高端水岸经济模式，以港口带动城市商业、休闲、娱乐发展。并可将邮轮旅游实验区、自由贸易试验区、旅游景区联动，推动三游产业创新创效、要素聚集、高质量发展。

第十章
未来发展展望

一、设计建造

（一）邮轮设计展望

1. 邮轮设计一般步骤

邮轮设计建造过程较为复杂，其邮轮设计一般包括以下 8 个步骤。

（1）索要需求：明确船东需求。

（2）空间布置：根据需求完成总布置图。

（3）结构设计。

（4）复合设计。

（5）管系及空调系统设计。

（6）电路设计。

（7）内装设计。

（8）设计审查。

上述步骤将原本概念设计、基础设计、详细设计进行拆分、细化，以准确完成船东的需求，并达到送审船级社的要求。

邮轮设计单位将船东的需求具体化，船厂则将具体化的图纸完整实现，将设计单位过审后的邮轮设计图纸进行步骤化，根据各厂的特点和综合实力尽可能地将图纸变现。

2. 邮轮设计动态

中国邮轮产业发展历经十余年，在此期间学到很多东西，但距离熟稔还有很长的路，需要不断去探索。目前，中国市场拟设计建造邮轮的公司对邮轮设计概念还停留在船舶的规模大、载客量等指标上，概念很模糊，诸多设计单位无从下手，在设计过程中甚至需要代替船东补全需求方案。邮轮设计与货轮不一样，对于邮轮设计单位来说，需要引导客户提出明确的需求；即便是货轮在有成熟船型的情况下，船东同样会提出能航速、油耗、载重吨、起吊设备、预算这些关键性的要素。邮轮的基本属性是船，其关键性要素较之货船或其他船舶更多，对船东的要求更高、实操经验更丰富；船东需要从经营方案里面提出设计的具体需求，而非简单地提出邮轮规模 / 吨位、载客量等需求。

邮轮的设计偏重功能布局和风格设计，而设计必须体现完整性，从设计概念出发，严格按照概念演绎色彩、图形和风格，每一个好的设计、任何一个部件都是有自己合适的位置的。

现阶段，国内的设计单位有客滚轮和海工平台的设计经验，对于功能性强的船舶和项目的设计经验较为丰富，这点和中国的国情相映衬。在海工平台和货船上，不需要考虑到居住人员的生活习惯和动线布置，只要把规定的面积摆放到位即可。而邮轮的设计综合性强，更多的设计篇幅偏重在酒店部分，包括了厨房、洗衣房、客舱、公共区域等。在邮轮设计上，优先考虑的是乘客的生活习惯以及船员的生活、工作习惯，在小小的一艘邮轮上，集合了消费者和工作者两种人群，在有限的区域里，二者只有在服务和被服务的过程中产生交集，其他时间各自生活在规定的区域里；其次是动线布置，人流对冲、场所容纳、区域布置的设计，并非简单地区域放置，如同每个高端的酒店和商场，应考虑怎样在有限的空间激发顾客的消费欲望，提高他们的满足感，同时也带来船上二次收入。

3. 邮轮设计展望

设计单位将船东的需求具体化、合理化，细化精准的经营方案，做出科学合理的设施布局并明确风格设计，在合适的地方实战迸发的灵感，在邮轮上留下惊叹的一笔。国内的设计师有不少在国外都获过奖，只是国内的邮轮设计或者酒店设计起步比较晚，又缺少和国际上的交流，设计中的美感比较缺乏。邮轮的大部分设计的工作都围绕着酒店部分，这就需要一个优秀的室内设计师，有着丰富商业设计经验来掌舵，而目前国内现有的设计单位缺乏这类的人才，也缺少和商业设计单位的沟通和联动。

中国邮轮的设计需要一家专业的内装设计公司，设计方面包括邮轮乘客甲板的所有区域，此外在如免税店、剧院等特点区域需要更专业性的设计团队来完成，但是这类设计师对于船舶的属性以及材料的使用不熟悉，需和船舶设计单位协同工作，在控制重量和运用达到规范要求的材料的前提下，呈现整个设计。

设计邮轮是综合性非常强的工作，未来中国邮轮的设计需要的是加强横向合作，由船舶设计院、商业体以及各特殊功能区的设计师通力协作，将船东方的需求完整且合理地展现出来，具有可操作性，通过多方合作，达到共赢，开启邮轮中国设计的新篇章。

（二）邮轮建造展望

因劳动力成本的上升，中国船舶建造的优势逐渐减小，在这样的趋势下，如何在保有原有的建造订单的基础上再获取外来邮轮或其他高附加值的船舶订单呢？对于邮轮建造的未来，应该关注材料、专业性人才以及供应链管理。

邮轮是船舶建造上的一颗明珠，因其建造特殊性和综合性，在常规船舶建造上又增加了很大一部分的酒店功能，且由于各种品牌品质的特性，其在旅客生活部分的建造利益有着很大弹性的空间；同样一间舱房在使用不同品牌和材质的家具用品上，带给乘客的体验感是截然不同的，其价值也是不一样的。这就是一直所说的邮轮品级大众、豪华和奢华区别的关键。此外，与船舶的动力系统相比，邮轮内装部分能获得很大的建造收益。

目前，关键性国产设备的稳定性尚不如境外的 RR 和瓦锡兰，但在邮轮建造中，常规部分仅占据造价的 20%，剩余的 80% 主要是邮轮内装，包括材料、设备和家具等。邮轮内装材料的国产化是大家一直关注的问题，而国内配套率上不来的根本原因在于市场，在没有建造订单或者订单量太小的情况下，供应商难以持续性投入，全球现有的订单至少排到了 2023 年，但同期在建的邮轮高峰时期一般仅有 8 艘，需要与众多全球供应商竞争。国内的海工平台以及邮轮内装材料刚刚起步，目前停留在解决功能性问题上，而美观、实用性的材料品种的研发设计匮乏，设计单位在设计方面不能进行充分选择，与国外的供应商有着很大的差距，短期内很难在形成国产化产品的竞争力。

外高桥船厂与招商重工前后接了邮轮的建造订单，招商重工率先开工建造。他们的建造模式相似，都是通过外部的船厂、设计公司进行建造管理，国内船厂进行辅助，同时由境外的内装公司进行整体性的设计、供应商的选择和施工管理。在这种情况下，国内船厂需要一定的时间去积累经验，从单船的建造管理到整个建造流程的管理（包括供应链），慢慢地将国外的操作模式转变成适合中国国情的操作模式。在这种情况下，为获得全球订单，国内邮轮建造船厂需要提高自身人才储备，需要吸纳有常规邮轮建造经验的国际化人才，有计划性地进行阶梯式培养，从而达到练兵的目的。国内邮轮建造船厂逐步实现从小到大，从易到难，从分包到总包，去实现邮轮总体建造的目标。

二、港口运营

目前，在大陆海岸线上建成和拟建的港口共计 17 处。港口尚未形成规范的服务标准；港口的经营、管理能力亟待加强；港口信息化程度亟待提高；港口间的合作机制还未形成，各邮轮港口互通、互联、互认的机制需要加强。

港口运营应积极采用和推广国际先进标准，持续提升港口运营能力和管理水平。通过建立行业服务标准体系，着力解决好邮轮港口服务的短板问题，整体提升服务能级。行业发展需要建立和完善港口服务评价体系，以全面准确评价港口服务能力。

1. 港口服务标准化亟待完善

2018 年 9 月 11 日，由上海吴淞口邮轮港发展有限公司承担的国家级上海吴淞口国际邮轮港服务标准化试点项目顺利通过终期验收。全国首个邮轮港口服务标准化试点的成功验收，标志着邮轮港口服务标准化工作迈向新阶段。

2. 港口经营管理能力亟待加强

目前，国内已经建成运营的邮轮港中，依托邮轮业务实现盈利的港口只有上海吴淞口国际邮轮港一家，其他港口都还处于培育期，盈利能力较弱。必须重视如何回避港口收益过度依赖邮轮靠泊服务，提升港口多元化经营能力，加强港口收益能力的问题。参考其他国际邮轮港口的运营经验，应该在商业引入、模式创新、地产带动、客流导入、消费留下等方面加以探索，形成可持续发展的经营模式。

3. 港口信息化程度有待提高

邮轮港口运营涉及邮轮靠泊、口岸监管、邮轮船供、游客服务、行李托运等诸多方面，管理内容多，相互交叉广，统筹协调难。在互联网飞速发展的背景下，如何利用智慧城市、智慧旅游的信息化发展背景，因地制宜建立符合邮轮产业发展、邮轮港口效能提高、邮轮游客服务体验提升的智慧邮轮港是各个邮轮港口经营者面对的一个重要课题。

4. 港口合作交流需进一步加强

邮轮港口应打破以往各自为政的经营格局，需要加强合作交流，结成联盟，各邮轮港口互通、互联、互认，面向世界邮轮市场自我宣传、自我推广，形成邮轮港口资源互补，优势共享，吸引更多国际邮轮靠泊。

三、邮轮航线

目前国内邮轮旅游航线同质化严重，主要以日本、东南亚少数港口为主，缺乏差异化，邮轮旅游市场竞争只能靠激烈的价格战，而开发具有特色的海岛文旅项目能够突破当前同质化竞争的瓶颈，形成与出境邮轮旅游差异化的产品航线，这一转变势在必行。

近年来，国际邮轮巨头纷纷加大在海岛目的地资源方面的投资布局，“邮轮 + 海岛游”模式游客提供了全新的产品航线，这为国内邮轮公司发展类似模式提供了借鉴。

在中国 300 万平方公里的海域中，面积大于 500 平方米的海岛超过 6500 个。从总量上看，我国沿海特色岛屿资源十分丰富，但相对于巴厘岛、普吉岛、马尔代夫等热门海岛旅游目的地，我国岛屿旅游资源开发带来的经济效益存在较大差距。随着海洋休闲旅游市场发展，我国海岛游旅游资源开发潜力巨大。

中国沿海具有丰富的海岛游资源，如何打造“邮轮 + 海岛游”？要用差异化方式打造中国中高端邮轮旅游产品，丰富邮轮旅游航线。

近年来，南海区域成为人们日益关注的焦点，被认为是中国邮轮旅游发展的黄金航线。因其巨大的神秘感和瑰丽的自然风光，将成为本土邮轮旅游发展的重要目的地，也是本土邮轮企业实施差异化战略的重要环节，南海邮轮旅游未来或将成为中国邮轮旅游发展新的增长极。

2018 年 9 月 27 日，交通运输部等 10 部委正式发布《关于促进我国邮轮经济发展的若干意见》(以下简称《意见》)。《意见》明确指出要大力发展邮轮入境游，支持开辟多点挂靠航线，加快入境旅游产品规划、开发，进一步规范旅游市场，提升境内外岸上旅游品质，加强与长江等内河及沿海游轮市场的衔接，拓宽邮轮境外市场营销渠道，吸引外国游客来华乘坐邮轮。继续发展邮轮出境游，丰富和延伸东北亚航线，开拓俄罗斯远东等新市场；积极培育东南亚等航线，扩大辐射范围；鼓励开辟洲际、极地及环球邮轮航线。结合国内沿海旅游资源，支持邮轮公司设计开发内涵丰富、主题鲜明的入境邮轮航线和邮轮目的地产品。

四、邮轮市场

过去十余年的中国邮轮市场发展属于“从无到有”的发展阶段，快速发展过程中，市场追求的是“量”的变化。未来十年，随着消费升级，中国邮轮市场势必走进创新驱动发展、结构转型升级的新时代，强调产品的“质”。这也是中国邮轮市场健康、快速、可持续发展的重要基础。

1. 市场需求有待挖掘

应提供更加丰富、更具特色、更加符合目标群体需求的产品。以邮轮为载体的休闲度假产品需要进一步开发，从而刺激会奖、家庭、游学等多方面的市场需求。

2. 销售渠道有待拓宽

船票制度试点成果转化后，有望在国内打破邮轮产品和旅游服务打包销售的现状，突破邮轮产品只能通过具有出境资质的国际旅行社销售的桎梏，实现船票自主销售、消费者自主选择服务产品内容的局面，从而拓宽销售渠道，扩大销售半径。

3. 服务品质有待提高

消费者面对市场上越来越多的旅游度假产品，价格不再是单一考虑的因素，客户对服务的品质要求越来越高，作为邮轮公司，在邮轮硬件越来越好的同时，要保持高水准的服务品质，以口碑换市场。

4. 销售体系有待规范

邮轮市场亟待建立一个行业规范的销售体系，通过健全的机制一方面保证邮轮公司的“控舱”和“定价”的权利；另一方面保证游客在信息透明下的合法权益。通过完善的销售系统，加强市场监管，打击黄牛囤舱的现象，保证产业各方合法利益，促进行业健康发展。

附录 A
全球邮轮产业发展概况（2017—2018 年）

一、全球邮轮市场发展总体状况（2017）

（一）全球邮轮需求状况

2017 年全球邮轮市场人数规模达到 2580 万人次，环比增长率为 4.5%，预计 2018 年全球邮轮市场人数规模达到 2630 万人次（见图 A-1），这主要得益于亚太地区邮轮游客人数的持续增长推动了全球邮轮市场的发展。2017 年全球邮轮市场收入规模达 465.0 亿美元，环比增长率为 8.2%，预计 2018 年全球邮轮市场收入规模可达 500 亿美元（见图 A-2）。

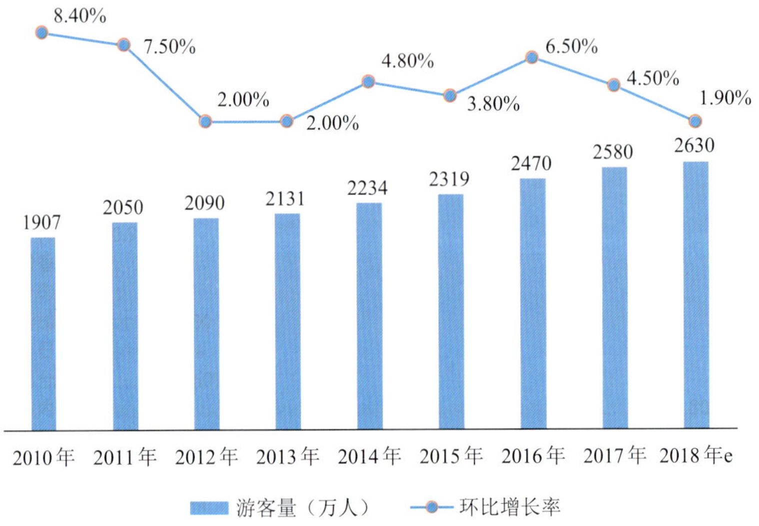

图 A-1　2010—2018 年全球邮轮游客总量及环比增长率

资料来源：CLIA、CIN、Cruise Market Watch。

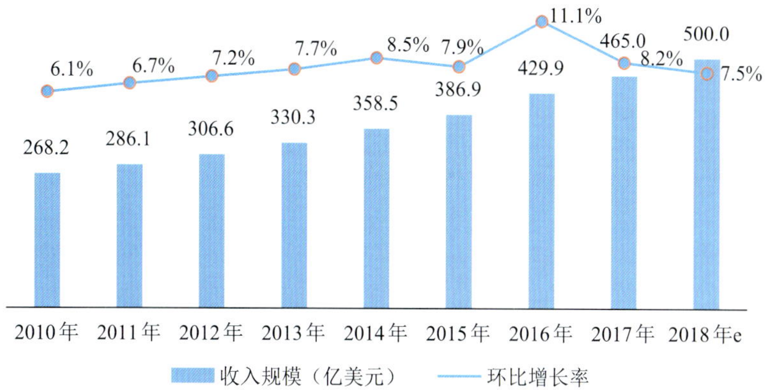

图 A–2　2010—2018 年全球邮轮收入规模及增长率

资料来源：CLIA、CIN、Cruise Market Watch.

2017 年，全球邮轮市场稳步增长，全年邮轮游客达 2520 万人次，与上年相比增长了 4.1%（见图 A–3）；邮轮国际协会（CLIA）在发布的“2018 年邮轮行业展望”中预测，2018 年邮轮行业将实现更强劲的增长，将有 2720 万人次乘坐邮轮。

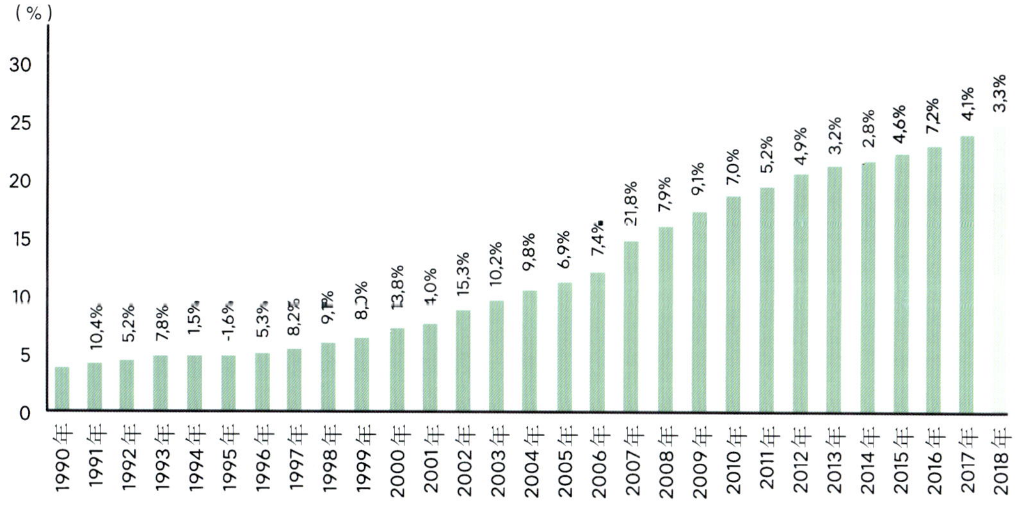

图 A–3　1990—2018 年全球邮轮市场增长情况

资料来源：CLIA、CIN、Cruise Market Watch。

2017 年邮轮热门旅游目的地分别为加勒比地区（38.9%）、亚洲太平洋地区（15.7%）、地中海地区（13.6%）、北欧 / 西欧地区（9%）、澳大利亚地区（4.3%）、阿拉斯加地区（3.9%）、美国西海岸（墨西哥）（3.3%）、南美地区与加那利群岛（2.0%）持平。2017 年全球主要邮轮地区邮轮游客接待量如图 A–4 所示，2018 年全球邮轮游客客源分布如图 A–5 所示。

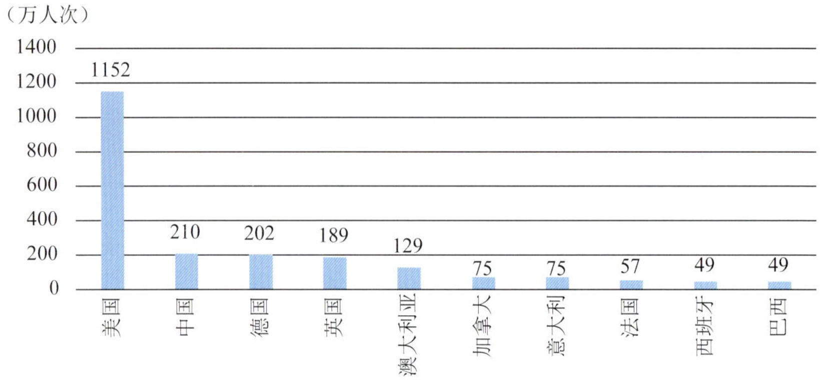

图 A-4　2017 年全球主要邮轮地区邮轮游客接待量

资料来源：CLIA。

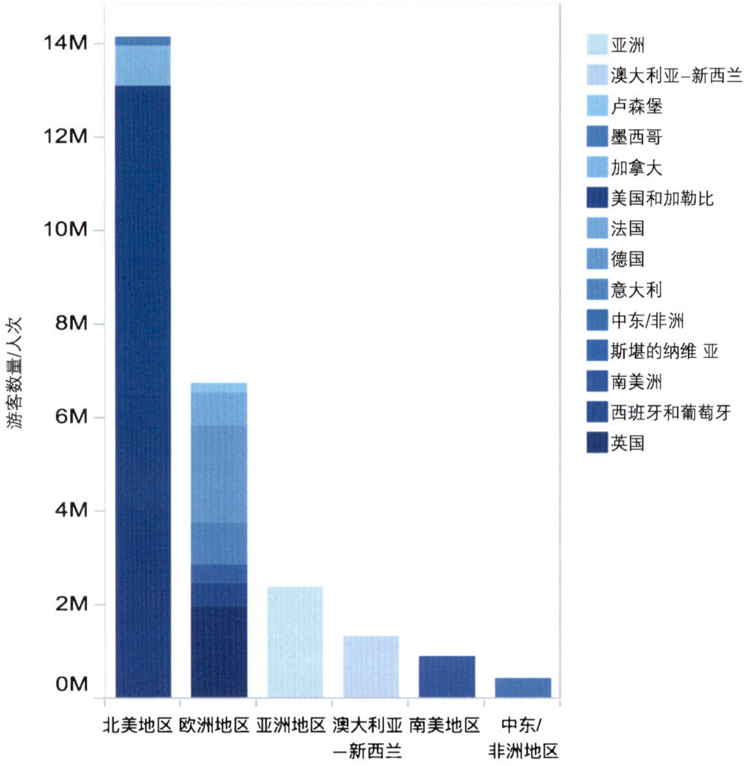

图 A-5　2017 年全球邮轮游客客源分布

资料来源：Cruise Market Watch。

（二）全球邮轮供给状况

在过去的十多年里，全球邮轮运力部署保持高速的增长态势，投放的邮轮艘数由 2000 年的 237 艘增加至 2018 年的 342 艘，邮轮床运力由 2000 年的 21.7 万床位增加至

2018 年的 55.4 万床位。其中 2017 年全球邮轮市场新增投入邮轮共计 49 艘，2018 年新增 27 艘海洋邮轮、河轮和特色邮轮投入运营，如图 A–6 所示。

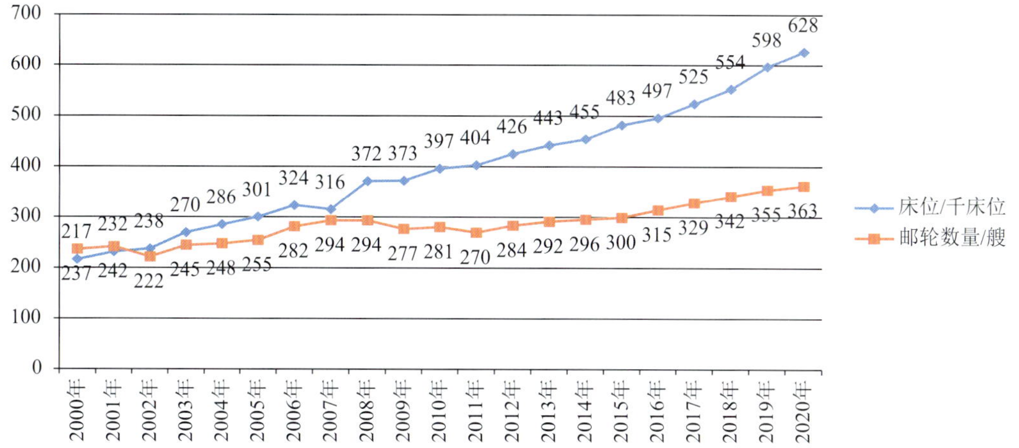

图 A–6　2000—2020 年全球邮轮投放运力（不含河轮）

资料来源：CLIA、CIN、Cruise Market Watch。

地中海及其毗邻海域是近代邮轮发展史上最具活力的地区之一，在过去 15 年的邮轮旅游发展进程中，地中海邮轮市场从 2003 年邮轮运力投放的 11.5% 增加到 2017 年的 15.8%，成为继加勒比海之后的世界第二大邮轮旅游目的地，与加勒比海地区共同占据全球邮轮市场份额的 51.2%（见图 A–7）。

目前，邮轮旅游在全球分布不断扩散，新兴的邮轮市场——亚洲的市场份额从 2006 年的 0.9% 增长到 2017 年的 10.4%，其中中国邮轮市场份额高达 6%（见图 A–7 和图 A–8）。

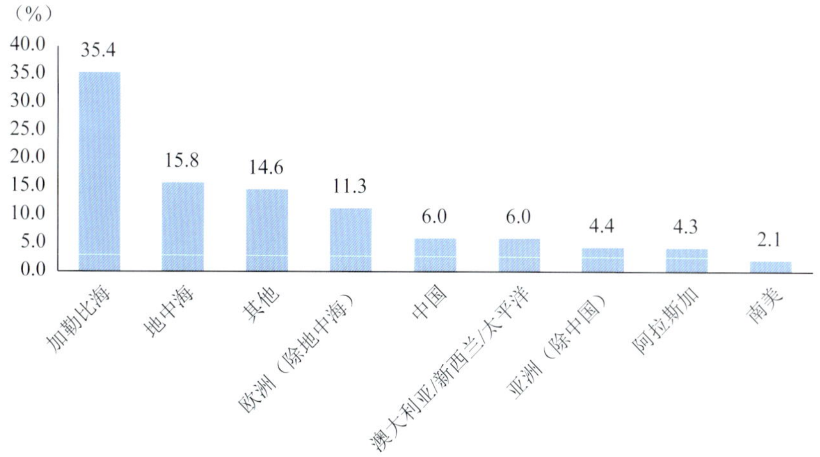

图 A–7　2017 年全球邮轮运力分布

资料来源：CLIA。

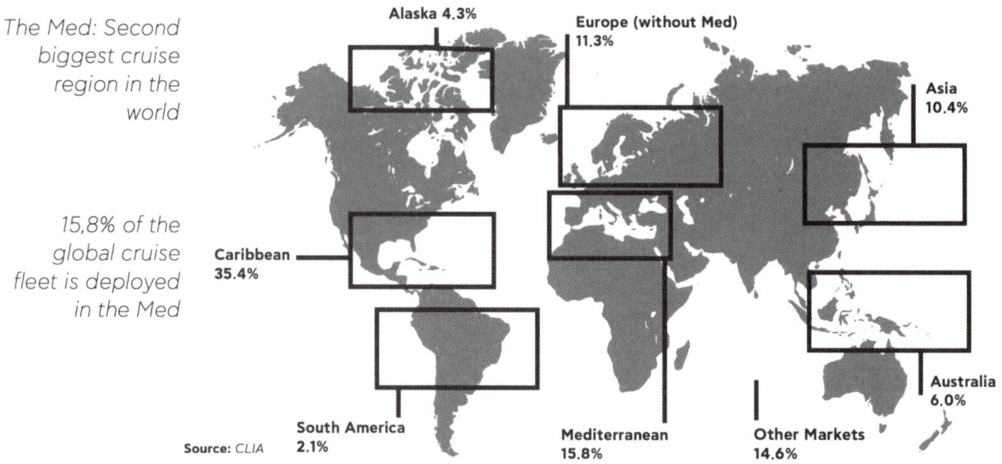

图 A–8　2017 年全球邮轮运力分布

资料来源：CLIA。

二、全球主要邮轮区域市场动态

（一）北美地区

从客源市场分析来看，2017 年北美地区邮轮乘客 92% 来自美国，约 1194 万人；加拿大乘客占了 7%，约 92 万人；而北美其他地区的乘客只占了 1% 左右，主要来自墨西哥、巴拿马、百慕大和巴巴多斯，如图 A–9 和表 A–1 所示。

除了是最大的邮轮客源地，北美地区也是最大的邮轮目的地。2017 年，2663 万名乘客的邮轮航次穿越北美地区，从北美地区上船的游客数量占全球的一半，总人数为 1301 万人。

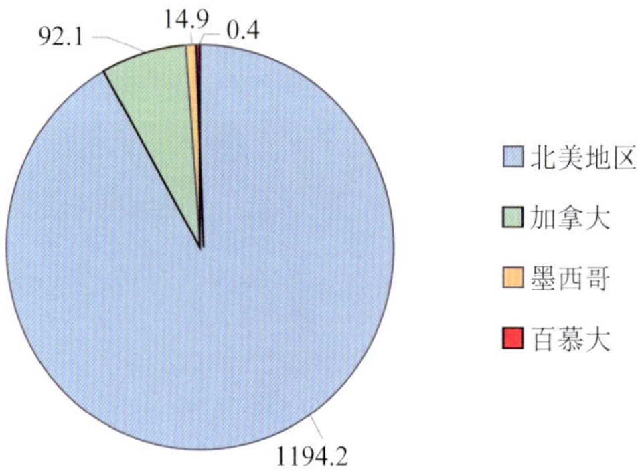

图 A–9　2017 年北美地区邮轮市场客源市场分布图（万人）

资料来源：CLIA、CIN、Cruise Market Watch。

表 A–1　2017 年北美地区邮轮市场客源分布

国家	人数（万人）
北美地区	1194.2
加拿大	92.1
墨西哥	14.9
百慕大	0.4

资料来源：CLIA、CIN、Cruise Market Watch。

（二）欧洲地区

国际邮轮协会（CLIA）调查发现，欧洲海洋邮轮市场已经增长到 690 多万人次，比之 2016 年增加了 2.5%。在德国、英国和爱尔兰市场的带动下，欧洲邮轮市场在过去十年里一直稳步增长。如图 A–10 所示，德国增长最为强劲，达到 8.5%，创下近 220 万人次的纪录；英国和爱尔兰的旅客数量超过 195 万人次，增长 0.5%；意大利已增至近 77 万人次（增长 2.5%）；西班牙连续两年增长，增幅为 6.4%。2017 年，有 694.1 万的欧洲人乘坐过邮轮（见表 A–2），平均停留时间为 8 晚。

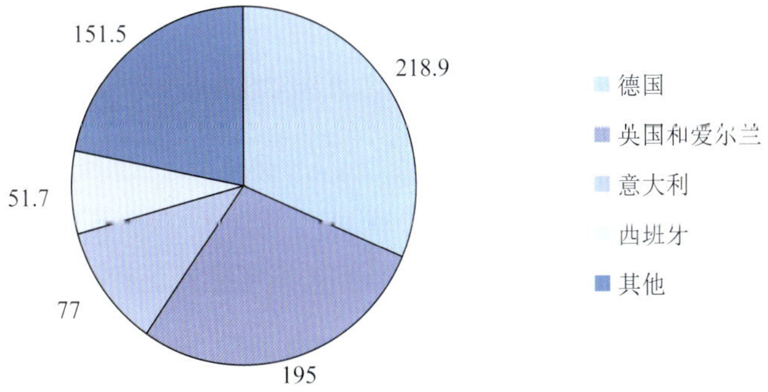

图 A–10　2017 年欧洲邮轮客源市场分布图（万乘客）

资料来源：CLIA、CIN、Cruise Market Watch。

德国乘客数量增长 8.5%，从而引领了欧洲客源市场。英国乘客增长 0.5%，创下历史新高。意大利的增长率为 2.5%，与 2016 年相比有了明显的恢复。西班牙以 6.4% 的增长排名第四，其在 2014 年、2015 年经济低迷之后，这两年来一直保持稳定增长。

4/5 的欧洲人选择了欧洲邮轮。地中海仍然是最受欢迎的目的地，北欧地区也越来越受欢迎，2017 年增长了 8%。邮轮乘客的平均年龄在 42（意大利）~57（英国）岁。邮轮旅游航程因市场而异，英国平均邮轮旅游航程为 10.4 天，意大利为 7.3 天。2017 年德国邮轮旅游航程没有变化，平均为 8.8 天。

其他欧洲市场，如瑞士、奥地利、荷兰和比利时等，均呈现出积极增长态势，增长率从3.1%上升至5.9%。随着其持续扩张，邮轮业将加强其在欧洲就业和整体经济参与方面的经济贡献。

表 A–2　2012—2017 年欧洲邮轮乘客统计表（千）

类别	2012年	2013年	2014年	2015年	2016年	2017年	2012—2017年变动率（%）
欧洲客源市场乘客	6139	6357	6387	6457	6674	6941	13.1
变动百分比	1.20%	3.60%	0.50%	1.10%	3.36%	4.0%	

资料来源：CLIA、CIN、Cruise Market Watch。

三、全球著名邮轮集团运营情况（2017—2018 年）

（一）嘉年华邮轮

嘉年华邮轮是全球最大的休闲旅游公司，也是邮轮和度假行业中盈利能力最强、财务实力最强的公司之一，拥有 10 个充满活力的品牌，其中包括 9 个世界领先的邮轮公司。嘉年华邮轮是最大的邮轮公司，承载着将近一半的全球邮轮客人，是为全球所有主要邮轮目的地提供度假的领先供应商。凭借在北美、欧洲、澳大利亚和亚洲的业务，该集团产品组合包括嘉年华邮轮、荷美邮轮、公主邮轮、世邦邮轮、阿依达邮轮、歌诗达邮轮、冠达邮轮、P&O 邮轮（澳大利亚）和 P&O 邮轮（英国），以及沉浸式的、注重体验的品牌 Fathom。

该公司的邮轮共运营 103 艘船舶，拥有 232 000 个泊位，在世界各地的 700 多个港口进行访问，计划于 2018—2022 年交付 18 艘新船。嘉年华邮轮还经营荷美公主阿拉斯加旅游公司，是在阿拉斯加和加拿大育空地区领先的旅游公司。在纽约和伦敦证券交易所交易的嘉年华公司是世界上唯一被纳入标准普尔 500 指数和富时 100 指数的集团。

嘉年华邮轮收入主要来自邮轮船票收入，有时候也包括前往邮轮母港的机票或者其他交通费用。之外还收取客人的费用、税金和其他费用。

（1）邮轮票价一般包括以下内容。

- 住宿。
- 大部分的餐食，包括在许多场所的小吃。
- 设施，包括游泳池、滑水道、水上乐园、漩涡池、健康俱乐部和阳光甲板等。
- 监督青少年安全项目。

➢ 娱乐，如戏剧和喜剧表演、现场音乐和夜总会。

➢ 访问多个目的地。

（2）不包括在邮轮船票价格内的货物及服务的销售一般所示。

➢ 基本上所有的酒和一些不含酒精饮料的销售。

➢ 赌场游戏。

➢ 岸上观光。

➢ 礼品店销售。

➢ 照片销售。

➢ 互联网及通信服务。

➢ 提供全方位服务的水疗。

➢ 特色餐馆。

➢ 艺术品销售。

➢ 洗衣和干洗服务。

（3）嘉年华邮轮承担邮轮运营成本和费用如下所示。

➢ 乘客邮轮预订的费用，即与乘客邮轮票务收入直接相关的费用，包括旅行代理佣金、空运和其他运输费用以及信用卡和借记卡费用。

➢ 船上和其他邮轮成本，代表与船上和其他收入直接相关的成本，包括酒和一些非酒精饮料的成本，在礼品店销售的有形商品成本、照片、通信费用、邮轮旅行前后岸上观光费用以及信用卡和借记卡费用。

➢ 燃料成本，包括燃料交付成本。

➢ 工资和相关费用，包括与船上人员有关的所有费用，包括桥梁和工程人员、船员、酒店和行政人员，而与岸上人员有关的费用则包括在销售和管理费用中。

➢ 食品费用，包括客人和船员的食品费用。

➢ 其他船舶营运费用，包括港口费用，但不因客船人数而变动；修理和维护，包括小的改进和干船坞费用；酒店成本；娱乐；船舶销售损益；船障碍；货运和物流；保险费和所有其他船舶营运费用。

嘉年华邮轮在 2017 年实现了调整后的每股稀释收益的最高业绩，并取得了强劲的运营改善，克服了燃料和货币以及飓风入侵造成的巨大拖累；将 ROIC 提高至 9.4%，并继续向股东返还多余现金；在 2017 年增加了两次季度股息，并在年内分配了 11 亿美元的股息；此外，在持续的股票回购计划中投资了近 6 亿美元，截至 2017 年 11 月 30 日，累计回购在两年内达到 31 亿美元；同时保持了嘉年华邮轮的高投资级信用评级。

2017 年嘉年华邮轮邮轮运营相关数据如表 A–3 和表 A–4 所示。

表 A-3　2017 年嘉年华邮轮运营相关数据（1）　　单位：百万美元

年份	2017	2016	2015
收入			
邮轮			
船票	12 944	12 090	11 601
船上收入和其他收入	4 330	4 068	3 887
观光收入和其他收入	236	231	226
	17 510	16 389	15 714
运营成本和费用			
邮轮			
佣金、交通和其他	2 359	2 240	2 161
船上成本和其他成本	587	553	526
薪资及相关	2 107	1 993	1 859
燃油费用	1 244	915	1 249
食物成本	1 031	1 005	981
其他船舶运营成本	2 445	2 589	2 233
观光收入和其他收入	163	152	155
	10 501	9 383	9 447
销售和行政费用	2 265	2 197	2 067
折旧和摊销	1 846	1 738	1 626
商誉商标减损费用	89	—	—
	14 701	13 318	13 140

资料来源：Carnival Corporation & plc .2017 Annual Report。

表 A-4　2017 年嘉年华邮轮邮轮运营相关数据（2）　　单位：百万美元

年份	2017	2016	2015	2014	2013
载客量（以千人计算）	12 100	11 500	10 800	10 600	10 100
供给量（b）	232 000	226 000	216 000	212 000	208 000
船数量	103	102	99	100	101

资料来源：Carnival Corporation & plc .2017 Annual Report。

（二）皇家加勒比

皇家加勒比是世界上第二大的邮轮公司。截至 2017 年 12 月 31 日，该公司全球品牌和合作品牌在邮轮度假行业共运营 49 艘船舶，总床位容量约为 124 070 个。皇家加勒比的船只在世界各地的航线上运行，这些航线覆盖了全球 540 个目的地。除了在佛罗里达州迈阿密的总部，还在世界各地设有办事处和国际代表网络，主要致力于销售和市场开发。

2017 年皇家加勒比集团邮轮运营相关数据如表 A–5 所示。

表 A–5　2017 年皇家加勒比集团邮轮运营相关数据　　单位：百万美元

年份	2017	2016	2015
船票收入	71.9%	72.4%	73.0%
船上收入和其他收入	28.1%	27.6%	27.0%
总收入	100.0%	100.0%	100.0%
邮轮运营费用			
佣金、交通费和其他	15.5%	15.9%	16.9%
船上费用和其他费用	5.6%	5.8%	6.7%
员工薪资等相关费用	9.7%	10.4%	10.4%
食物费用	5.6%	5.7%	5.8%
燃料费	7.8%	8.4%	9.6%
其他费用	11.5%	12.8%	12.1%
邮轮运营总费用	55.8%	59.0%	61.4%
市场营销和行政费用	13.5%	13.0%	13.1%
折旧和摊销	10.8%	10.5%	10.0%
普尔曼减损费用	—	—	5.0%
营业收入	19.9%	17.4%	10.5%
其他费用	（1.4）%	（2.3）%	（2.5）%
净利润	18.5%	15.1%	8.0%

资料来源：RCCL 2017 Annual Report。

（三）挪威邮轮

2017 年挪威邮轮运营相关数据如表 A–6 和表 A–7 所示。

表 A–6　2017 年挪威邮轮运营相关数据（1）

年份	2017	2016	2015
收益			
船票收入	69.5%	69.5%	72.0%
船上收入及其他	30.5%	30.5%	28.0%
总收入	100.0%	100.0%	100.0%
邮轮营运支出			
佣金、运输及其他	16.6%	16.7%	17.6%
船上成本及其他	5.9%	6.1%	6.3%
薪酬福利	14.9%	15.3%	15.3%
燃料	6.7%	6.9%	8.3%
食物	3.7%	4.1%	4.1%
其他运营成本	9.0%	9.4%	9.5%
邮轮营运总支出	56.8%	58.5%	61.1%
其他营运支出			
市场、一般及行政支出	14.3%	13.7%	12.8%
折旧及摊销	9.5%	8.9%	9.9%
其他营运总支出	23.8%	22.6%	22.7%
营运收入	19.4%	18.9%	16.2%
非营运收入（支出）			
利息支出净额	（4.9）%	（5.7）%	（5.1）%
其他收入（支出）净额	（0.2）%	（0.1）%	（1.1）%
非营运总收入（支出）	（5.1）%	（5.8）%	（6.2）%
税前净收入	14.3%	13.1%	10.0%
收入税支出	（0.2）%	（0.1）%	（0.2）%
净收入	14.1%	13.0%	9.8%

资料来源：NCL Annual Report 2017。

表 A-7　2017 年挪威邮轮运营相关数据（2）

年份	2017	2016	2015
邮轮乘客接待总量（人）	2 519 324	2 337 311	2 164 404
已载客邮轮天数	18 523 030	17 588 707	16 027 743
可载客邮轮天数	17 363 422	16 376 063	14 700 990
邮轮上座率（%）	106.7	107.4	109.0

资料来源：NCL Annual Report 2017。

（四）云顶香港

云顶香港有限公司（云顶香港），是全球休闲、娱乐和旅游及酒店服务业的领导企业，其核心业务涵盖陆地及海上旅游事业，包括云顶邮轮及其旗下丽星邮轮、星梦邮轮及水晶邮轮，以及德国 MV 造船集团（MVWerften）和 Lloyd Werft 船厂、著名电音派对俱乐部品牌 Zouk 以及联营综合度假项目马尼拉云顶世界。

云顶香港于 1993 年 11 月成立，以丽星邮轮品牌在亚洲经营邮轮旅游业。丽星邮轮以发展亚太区成为国际邮轮目的地为理念，旗下 6 艘现代化邮轮“处女星号”“双子星号”“宝瓶星号”“天秤星号”“双鱼星号”及“大班”带领世界各地旅客畅游亚太区精彩景点，并提供赢尽口碑的亚洲式贴心服务。星梦邮轮两艘超级巨轮“云顶梦号”及“世界梦号”已分别于 2016 年及 2017 年下水。星梦邮轮亦已于德国展开旗下首艘环球级邮轮的建造工程，两艘新邮轮将于 2020 年及 2021 年加入星梦邮轮船队。水晶邮轮获颁的全球最佳奖项超越任何一间邮轮公司、酒店或度假村。

云顶香港集团主要从事经营载客邮轮业务。高级管理人员根据本集团的内部报告而审阅业务表现及厘定营运决策及资源分配。集团业务可分为邮轮旅游业务、造船厂业务及非邮轮旅游业务。因此，获确定有三项可呈报分类项目，即邮轮旅游及邮轮旅游相关业务、造船厂业务以及非邮轮旅游业务。

（1）邮轮旅游及邮轮旅游相关业务的收益分类为乘客票务收益及船上收益。乘客票务收益主要包括来自乘客船票销售及往返邮轮交通销售的收益，以顾客向该集团购买该等项目为限。船上收益主要包括来自餐饮销售、岸上观光、娱乐及其他船上服务的收益。

（2）造船厂业务的收益主要包括来自造船、维修及改造业务的收益。

（3）非邮轮旅游业务的收益主要包括来自岸上酒店、旅行社、航空（包括航空业务及航空相关服务）、娱乐、出售住宅物业单位的收益以及投资所得股息收入，其规模均未重大至需要单独呈报。

（4）邮轮旅游及邮轮旅游相关业务的收益由 2016 年的 908 111 000 美元增加 11.9% 至 2017 年的 1 016 000 006 美元。收益净额由 2016 年的 689 658 000 美元增加 14.0% 至 2017 年的 785 986 000 美元，是由于可载客邮轮日数增加 33.7% 所致。可载客邮轮日数增加，主要是由于计入“云顶梦号”及“水晶莫札特号”的全年经营，以及在 2017 年推出“世界梦号”“水晶巴哈号”“水晶马勒号”所致。

2017 年云顶香港邮轮运营相关数据如表 A–8 所示。

表 A–8　2017 年云顶香港邮轮运营相关数据（1）　　单位：千美元

	截至12月31日止年度	
年份	2017	2016
已载客邮轮日数	3 692 223	2 922 480
可载客邮轮日数	4 781 990	3 576 660
载客率百分比	77.2%	81.7%

资料来源：Genting Hongkong Limited 2017。

就该集团的邮轮旅游及邮轮旅游相关业务而言，收益净额、收益总额及净收益计算如表 A–9 所示。

表 A–9　2017 年云顶香港邮轮运营相关数据（2）　　单位：千美元

	截至12月31日止年度	
年份	2017	2016
乘客票务收益	611 986	503 448
船上收益	404 020	404 663
邮轮旅游及邮轮旅游相关业务的收益总额	1 016 006	908 111
减：		
佣金、奖励、运输及其他相关成本	（146 076）	（125 996）
船上成本	（83 944）	（92 457）
收益净额	785 986	689 658
收益总额（美元）	212.5	253.9
净收益（美元）	164.4	192.8

资料来源：Genting Hongkong Limited 2017。

就该集团的邮轮旅游及邮轮旅游相关业务而言，邮轮成本总额、邮轮成本净额及未计燃料的邮轮成本净额计算如表 A-10 所示。

表 A-10　2017 云顶香港邮轮运营相关数据（3）　　单位：千美元

	截至12月31日止年度	
年份	2017	2016
经营开支总额	1 241 737	972 175
销售、一般及行政开支总额	300 185	267 695
	1 541 922	1 239 870
减：折旧及摊销	（190 505）	（132 201）
	1 351 417	1 107 669
减：造船厂业务及非邮轮旅游业务相关的开支	（292 094）	（198 968）
邮轮成本总额	1 059 323	908 701
减：		
佣金、奖励、运输及其他相关成本	（146 076）	（125 996）
船上成本	（83 944）	（92 457）
邮轮成本净额	829 303	690 248
减：燃料成本	（84 420）	（51 339）
未计燃料的邮轮成本净额	744 883	638 909
每个可载客邮轮日数的邮轮成本总额（美元）	221.5	254.1
每个可载客邮轮日数的邮轮成本净额（美元）	173.4	193.0
每个可载客邮轮日数的未计燃料的邮轮成本净额（美元）	155.8	178.6

资料来源：Genting Hongkong Limited，2017。

四、全球邮轮建造及订单（2018—2020 年）

2018—2020 年全球邮轮订单呈现稳中有升的趋势，邮轮建造订单主要来源于几个大的国际邮轮公司，造船成本基本持平，吨位数越来越大，主要供应方还是来自欧洲的造船厂，新船主要计划部署还是在北美、欧洲和亚太区域。

2018—2020 年全球邮轮订单表如表 A-11 所示。

表 A-11　2018—2020 年全球邮轮订单表

Cruise Line	Ship	Cost (1)	Tonnage	Capacity	Yard	Sailing	Delivery
2018 年							
☑ Carnival	*Horizon*	$780	135 000	4 000	Fincantieri	Eur/Carib	March
☑ Royal Caribbean	*Symphony*	$1 300	227 625	5 400	STX France	Eur/Carib	March
☑ Norwegian	*Bliss*	$1 100	164 600	4 200	Meyer	Alaska/Carib	April
☑ Seabourn	*Ovation*	$350	40 350	604	Fincantieri	World	April
☑ MSC Cruises	*Seaview*	$950	154 000	4 140	Fincantieri	Europe	May
☑ TUI	*Mein Schiff 1*	$625	110 000	2 900	Meyer Turku	Europe	May
☑ ■ Ponant	*Le Lapérouse*	$110	10 000	180	VARD	World	June
☑ Viking Ocean	*Viking Orion*	$400	47 000	930	Fincantieri	World	June
■ Ponant	*Le Champlain*	$110	10 000	180	VARD	World	August
■ Scenic	*Eclipse*	$185	16 500	228	Uljanik Group	World	August
Star Clippers	*Flying Clipper*	$100	8 770	300	Brodosplit	World	Q3
Celebrity	*Edge*	$900	117 000	2 900	STX France	Eur/Carib	November
Holland America	*Nieuw Statendam*	$520	99 000	2 660	Fincantieri	Carib	November
■ Mystic Cruises	*World Explorer*	$85	9 300	200	West Sea	World	November
■ AIDA Cruises	*AIDAnova*	$950	183 900	5 200	Meyer	Europe	December
2019 年							
Coral Expeditions	*Adventurer*	$75	5 500	120	VARD	Australia	Q1
Viking Ocean	*Viking Jupiter*	$400	47 000	930	Fincantieri	World	February
MSC Cruises	*Bellissima*	$900	167 600	4 500	STX France	Europe	March
■ Costa Cruises	*Costa Venezia*	$780	135 500	4 232	Fincantieri	China	March
■ Hapag-Lloyd	*Hans. Nature*	$155	16 100	230	VARD	World	April
TUI	*Mein Schiff 2*	$625	110 000	2 900	Meyer Turku	Europe	Spring
■ Royal Caribbean	*Spectrum*	$950	167 000	4 100	Meyer	China	Spring
■ Hurtigruten	*Roald Amundsen*	$220	20 000	530	Kleven	World ■	Spring
■ Oceanwide	*Hondius*	$85	6 300	196	Brodosplit	World	May

续表

Cruise Line	Ship	Cost (1)	Tonnage	Capacity	Yard	Sailing	Delivery
Celebrity	*Flora*	$75	5 739	100	De Hoop	Galapagos	May
Saga Cruises	*S/Discovery*	$350	58 250	1 000	Meyer	Europe	Summer
Ponant	*Le Bougainville*	$110	10 000	180	VARD	World	Summer
Ponant	*Le Dumont-d'Urville*	$110	10 000	180	VARD	World	Summer
SunStone	*Greg Mortimer*	$65	8 000	160	CMIH	World	August
Hapag-Lloyd	*H/Inspiration*	$155	16 100	230	VARD	World	October
Costa Cruises	*Costa Smeralda*	$950	183 900	5 000	Meyer Turku	Europe	October
Princess	*Sky Princess*	$760	141 000	3 600	Fincantieri	Eur/Carib	October
Norwegian	*Encore*	$1 100	164 600	4 200	Meyer	Caribbean	October
MSC Cruises	*Grandiosa*	$900	177 100	4 888	STX France	Europe	November
Carnival	*Panorama*	$780	135 500	4 200	Fincantieri	Carib	Fall
Antarctica XXI	*M/Explorer*	$50	4 900	100	ASENAV	World	Q4
Ritz-Carlton	*Unnamed*	$225	25 000	298	Barreras	World	Q4
Hurtigruten	*Fridtjof Nansen*	$220	20 000	530	Kleven	World	TBA
2020 年							
Lindblad	*NG Endurance*	$135	TBD	126	Ulstein	World	Jan
Regent	*Splendor*	$478	54 000	738	Fincantieri	World	Q1
Ponant	*Le Bellot*	$110	10 000	180	VARD	World	Q1
Crystal	*Endeavor*	$195	19 800	200	MV Werften	World	Q1
Virgin	*Unnamed*	$710	110 000	2 860	Fincantieri	Carib	Q1
Celebrity	*Beyond*	$900	117 000	2 900	STX France	TBA	Spring
P&O Cruises	*Iona*	$950	183 900	5 200	Meyer	Europe	Spring
Silversea	*Silver Moon*	$370	40 700	596	Fincantieri	World	April
Scenic	*Eclipse II*	$185	16 500	228	Uljanik Group	World	Q2
Ponant	*Le Surville*	$110	10 000	180	VARD	World	Q2
Saga	*S/Adventure*	$350	58 250	1 000	Meyer	Europe	Summer
SunStone	*Unnamed*	$65	8 000	160	CMIH	World	August
MSC Cruises	*Virtuosa*	$900	177 100	4 888	STX France	Europe	September

续表

Cruise Line	Ship	Cost (1)	Tonnage	Capacity	Yard	Sailing	Delivery
Royal Caribbean	*Unnamed*	$950	167 000	4 100	Meyer	TBA	Fall
■ Dream Cruises	*Unnamed*	$1 100	204 000	5 000	MV Werften	China	Q4
■ Costa Cruises	*Unnamed*	$780	135 500	4 232	Fincantieri	China	TBA
■ Carnival	*Unnamed*	$950	183 900	5 000	Meyer Turku	TBA	TBA
Princess	*Unnamed*	$760	141 000	3 600	Fincantieri	TBA	TBA
■ Quark	*Unnamed*	$150	13 000	200	Brodosplit	World	TBA
Coastal Ships：							
American	*Constitution*	$30	2 000	175	Chesapeake	U.S.	May 2018
American	*Song*	$30	3 000	195	Chesapeake	U.S.	Fall 2018
Lindblad	*Venture*	$48	1 800	100	Nichols	U.S.	Q4 2018
American	*Harmony*	$30	3 000	195	Chesapeake	U.S.	2019
American	*Unnamed*	$30	3 000	195	Chesapeake	U.S.	2020

注：In Millions（USD）| Costs May Be Estimated

■：LNG Powered

■：Expedition Vessel

■：China/Asia Market Dedicated Vessel

☑：Delivered

TBA：To Be Announced

Last Updated：June 19，2018

资料来源：CIN。

五、全球邮轮产业发展展望（2018 年）

预计 2018 年将会有 2720 万名乘客搭乘邮轮出游，为了满足不断增长的需求，国际邮轮协会计划在 2018 年推出 27 艘新的远洋邮轮、江河邮轮和特种邮轮。2018 年，将有 27 艘新船订单，其中有 12 艘邮轮的航线布局在海上，另外 15 艘邮轮的航线布局在内河。

（一）邮轮产业发展特征

（1）客运量递增：2018 年预计将有 272 万乘客乘船游览，如图 A-11 所示。

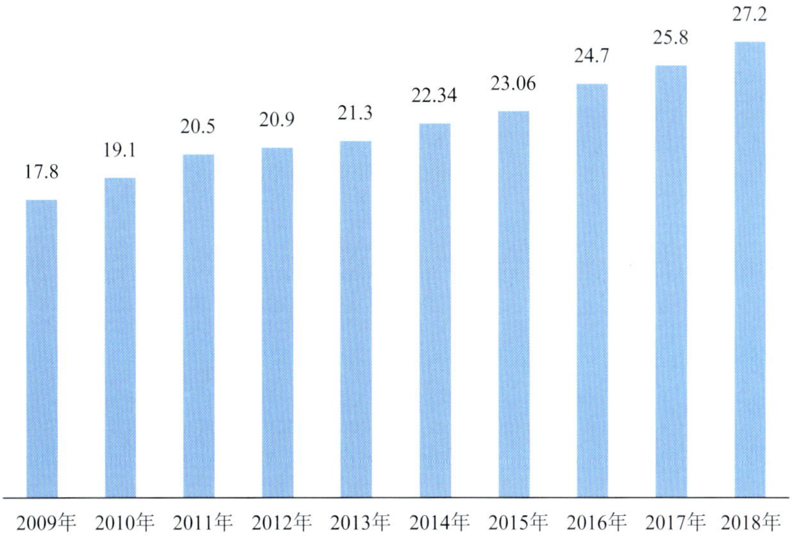

图 A-11　全球邮轮旅客接待量（海洋邮轮）（百万人次）

资料来源：CLIA。

（2）邮轮船队规模扩大：CLIA 会员公司 2017 年共计 49 艘新邮轮投入运营，2018 年预计 27 艘海洋邮轮、河轮和特色邮轮投入运营，邮轮大型化趋势明显，如表 A-12 所示。

表 A-12 2018 年全球新投入运营的邮轮概况

邮轮（海洋）	
邮轮公司	邮轮
Aida Cruises	AidaNova
Carnival Cruise Line	Carnival Horizon
Celebrity Cruises	Celebrity Edge
Holland America Line	ms Nieuw Statendam
MSC Cruises	MSC Seaview
Norwegian Cruise Line	Norwegian Bliss
PONANT Yacht Cruises and Expeditions	Le Laperouse、Le Champlain
Royal Caribbean International	Symphony of the Seas
Scenic Luxury Cruises and Tours	Scenic Eclipse
Seabourn	Seabourn Ovation
TUI Cruises	Mein Schiff 1

续表

河轮	
河轮公司	邮轮
Amawaterways	MS AmalLea
American Cruise Lines	America Song、American Constitution
Avalon Waterways	Avalon Saigon
Amadeus by Luftner	MS Amadeus Queen
CroisiEurope	Africa Dream II、MS Elbe Princesse I
Crystal Cruises	Crystal Debussy、Crystal Ravel
Pandaw River Expeditions	Sabei Pandaw
Riviera Travel River Cruises	MS Robert Bums、MS Douro Splendour
Tauck River Cruising	ms Treasures Il、ms Esprit Il
Uniworld Boutique River Cruise Collection	S.S.Beatrice

资料来源：CLIA、CIN。

（3）邮轮运力部署多元化：加勒比海和地中海地区以其独特优势为最主要的邮轮目的地；欧洲市场发展强劲，稳步前行；中国作为全球邮轮市场的黑马，与澳大利亚并列成为全球第四大邮轮目的地，如图 A-12 所示。

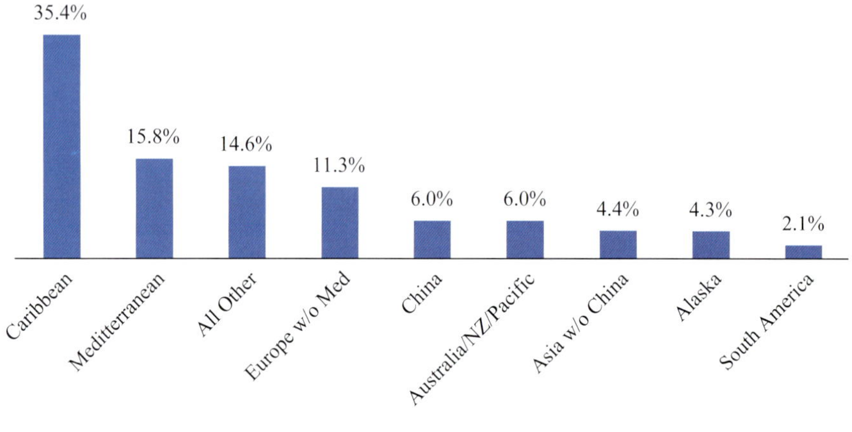

图 A-12　2017 年邮轮公司区域运力部署（ALBD*）

资料来源：CLIA、CIN。

（4）邮轮经济全球影响力进一步扩大。2016 年，目前邮轮市场共有 2580 万名邮轮游客，提供超过 100 万个工作岗位（全职工作人员），产生了超过 400 亿美元的工资和薪金；全球邮轮经济产出达近 1300 亿美元。

（5）邮轮旅游需求持续增长：在过去的 5 年邮轮旅游市场需求始终保持两位数增长，其中中国邮轮市场以年增速 40% 以上快速发展。

（二）2018 年全球邮轮运力布局

2018 年全球主要邮轮集团（CCL、RCCL、GentingHongKong、NCL）对邮轮市场的运力投放及市场部署情况如图 A-13 和表 A-13 所示。

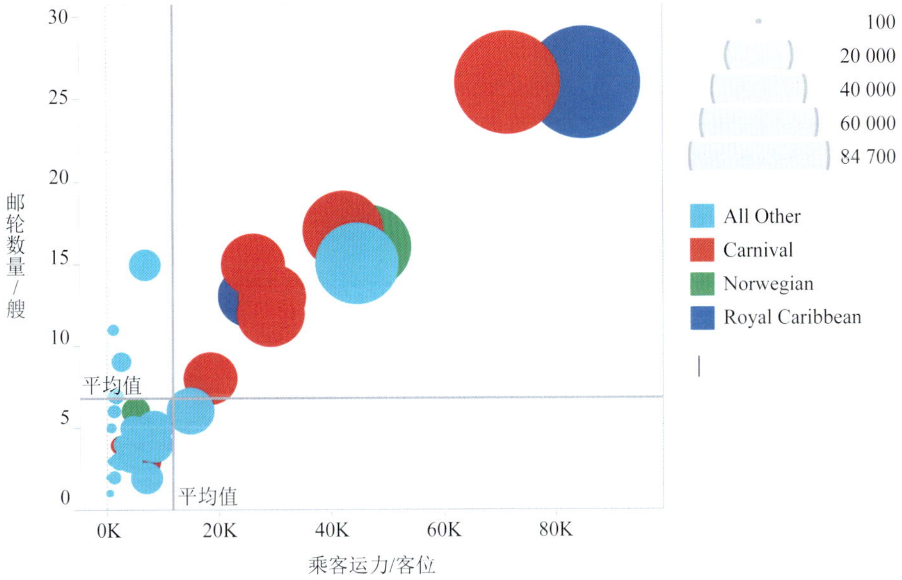

图 A-13　2018 年全球邮轮公司市场运力

资料来源：CLIA、CIN、Cruise Market Watch。

表 A-13　2018 年全球邮轮公司市场运力

集团	品牌	邮轮数量（艘）	乘客运力（床位）
Carnival	Carnival	26	71 300
	Princess	17	42 000
	AIDA	13	29 300
	Costa Cruises	12	29 200
	Holland America	15	25 900
	P&O Cruises	8	18 600
	P&O Cruises Australia	5	8 200
	Cunard	3	6 700
	Seabourn	4	2 000

续表

集团	品牌	邮轮数量（艘）	乘客运力（床位）
Carnival	合计	103	233 200
RoyalCaribbean	Royal Caribbean	26	84 700
	Celebrity	13	25 500
	Azamara	3	2 100
	合计	42	112 300
Norwegian	Norwegian	16	46 600
	Oceania Cruises	6	5 200
	Regent（Radisson）	4	2 600
	合计	26	54 400
All Other	MSC Cruises	15	44 600
	TUI Cruises*	6	14 900
	Disney	4	8 500
	Star Cruises	5	8 500
	Pullmantur	4	7 600
	Dream Cruises	2	6 800
	Hurtigruten	15	6 700
	Viking Cruises	5	4 700
	Celestyal Cruises	4	4 400
	Cruise & Maritime Voyages	4	4 000
	Fred Olsen	4	4 000
	Marella Cruises	3	4 000
	Phoenix Reisen	4	3 000
	Silversea	9	2 600
	Crystal	3	2 100
	Hapag Lloyd	3	1 900
	Ponant	7	1 500
	Saga Cruises	2	1 200
	Windstar	6	1 200
	Quark Expeditions	7	1 000

续表

集团	品牌	邮轮数量（艘）	乘客运力（床位）
All Other	Lindblad Expeditions	11	900
	American Cruise Lines	5	700
	Star Clippers	3	600
	Voyages to Antiquity	1	400
	Paul Gauguin Cruises	1	300
	Blount Small Ship Adventures	2	200
	Orion Expedition Cruises	1	200
	SeaDream Yacht Club	2	200
	Travel Dynamics	2	200
	Grand Circle Cruise Line	2	100
	Hebridean Island Cruises	1	100
	合计	143	137 100
总计		314	537 000

资料来源：CLIA、CIN、Cruise Market Watch.

2018 年全球主要邮轮公司市场份额预测如图 A–14 和表 A–14 所示。

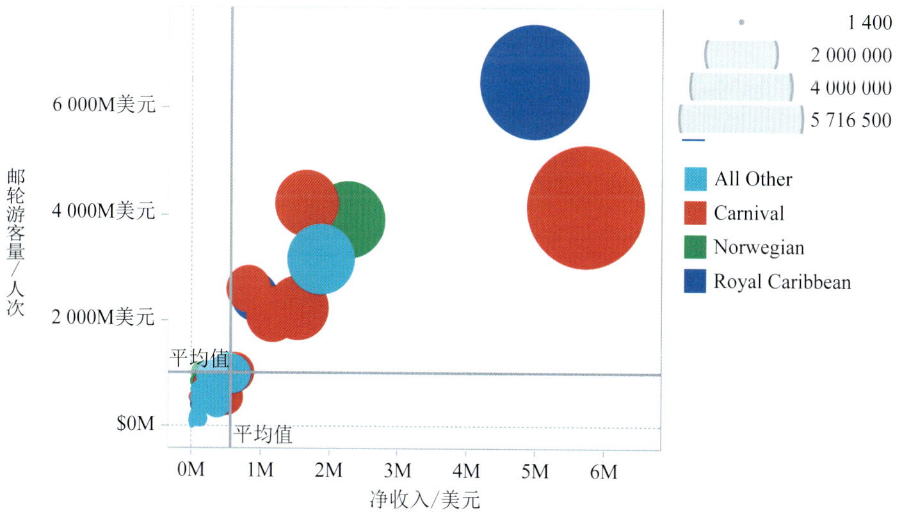

图 A–14　2018 年全球主要邮轮公司市场份额预测

资料来源：CLIA、CIN、Cruise Market Watch。

表 A–14　2018 年全球主要邮轮公司市场份额预测

集团	品牌	邮轮游客量（%）	净收入（%）
Carnival	Carnival	22	8.9
	Princess	6.1	9.1
	AIDA	4.6	4.6
	Costa Cruises	6	4.8
	Holland America	3.2	5.6
	P&O Cruises	2.4	2.2
	P&O Cruises Australia	1.9	1.2
	Cunard	0.7	1.8
	Seabourn	0.2	1.2
Royal Caribbean	Royal Caribbean	19.2	14
	Celebrity	3.5	5.3
	Azamara	0.3	0.9
Norwegian	Norwegian	8.7	8.4
	Oceania Cruises	0.5	2.3
	Regent（Radisson）	0.3	1.9
All Other	MSC Cruises	7.2	6.8
	TUI Cruises*	2	2.3
	Disney	2.3	2.2
	Star Cruises	0.9	1.6
	Pullmantur	1.4	1
	Dream Cruises	1.0	2.2
	Hurtigruten	0.9	2
	Viking Cruises	0.6	1.3
	Celestyal Cruises	0.5	0.8
	Cruise & Maritime Voyages	0.5	1.0
	Fred Olsen	0.4	0.3
	Marella Cruises	0.4	0.7
	Phoenix Reisen	0.3	0.6
	Silversea	0.3	1.5
	Crystal	0.2	1.2
	Hapag Lloyd	0.3	0.3

续表

集团	品牌	邮轮游客量（%）	净收入（%）
All Other	Ponant	0.2	0.4
	Saga Cruises	0.1	0.2
	Windstar	0.2	0.4
	Quark Expeditions	0.1	0.3
	Lindblad Expeditions	0.1	0.2
	American Cruise Lines	0.1	0.1
	Star Clippers	0.1	0.2
	Voyages to Antiquity	0.0	0.1
	Paul Gauguin Cruises	0.0	0.1
	Blount Small Ship Adventures	0.0	0.1
	Orion Expedition Cruises	0.0	0.1
	SeaDream Yacht Club	0.0	0.1

资料来源：CLIA、CIN、Cruise Market Watch。

（三）2018 年邮轮趋势展望

在过去三年中，有 33% 家庭收入低于 80 000 美元的游客参加了邮轮旅游。预计越来越多经济型需求的旅游者将加入邮轮旅游的行列。

从文化体验和志愿旅游到极端冒险，从邮轮旅行归来的人获得了不同视角的体验和成就感。未来邮轮旅游将给人们带来更多不同的体验。

海洋环境和可持续旅游得到了更多关注。对可持续旅游的关注在未来的一年将更为深入，并预计将有更多可持续旅游的实践和程序投入实施。

对河轮和小型游轮的需求在旅行者中持续增长。

跨代际的邮轮旅游开始增多。祖父母会带着孙子孙女一起旅行。

旅行者由温暖的目的地转向寒冷的目的地。预计未来一年，气候寒冷地区的受欢迎程度将有所增加。

更多地关注和设计健康的邮轮产品。邮轮公司正在为越来越多的健康意识旅行者量身定制旅行——从健康主题的研讨会到健康的食物选择。

将会出现旅行者友好型的机载技术，从而提升旅行的体验。

旅行社开发更多的邮轮度假产品。旅行社继续看到消费者在计划和执行假期方面的稳定需求。

附录 B 亚太邮轮产业发展概况

近年来，亚太邮轮产业发展迅速，全球影响力持续提升。许多邮轮公司在该地区部署越来越多的邮轮，包括专为亚洲消费者建造的全新巨型邮轮。港航局、旅游局、邮轮公司和邮轮产业利益相关者都需要了解邮轮旅游增长的总体潜力和相关基础设施的需求，并监控客源市场动态。

2017 年，亚太地区邮轮运力的所有指标都高速增长。相比 2013 年，经过短短五年的发展，呈现的数据是惊人的。部署在亚太地区的船只数量增长了 53%，邮轮和航程数量增长率达到了 25%，营业天数增长了 137%，客运量几乎增加了两倍。2017 年邮轮于亚太地区港口停靠的次数达到 7196 次，比 2016 年增加了 29%。挂靠港航次增长最快的是日本、中国内地和泰国，分别为 852 次、306 次和 218 次。其他目的地港口的挂靠次数为：中国香港 78 次，中国台湾 61 次，菲律宾 55 次。图 B-1 所示为 2017 年亚太各地区邮轮市场份额占比。

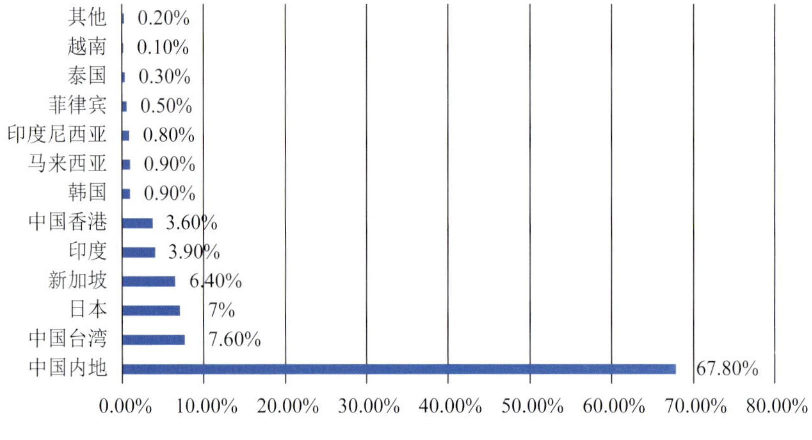

图 B-1　2017 年亚太各地区邮轮市场份额占比

资料来源：2017 Asia Cruise Tends。

作为全球邮轮旅游的客源市场，亚太地区的邮轮游客数自 2012 年以来高速增长。

客运量的年增长率超过 40%；而中国作为亚太地区市场增长的主要驱动力，年增长率达到了惊人的 76%。亚太地区其他 4 个主要市场（中国台湾、日本、中国香港、印度）的年增长率也达到两位数。2016 年，在来自亚洲的 310 万邮轮游客中，中国内地占了 2/3。210 万来自中国内地，而来自亚洲其他地区的仅为 100 万；其他主要客源市场包括中国台湾地区，日本，新加坡，印度和中国香港地区。亚太地区邮轮乘客主要在该地区进行短途航行。2016 年 94% 的航线均在亚太境内，而欧洲有 55% 的长航航线。4~6 晚的航线最受亚太地区游客欢迎（69%），其次是 2~3 晚（22%）和 7~13 晚（8%）。从航程上看，2017 年总体趋势相同，如图 B–2 所示。

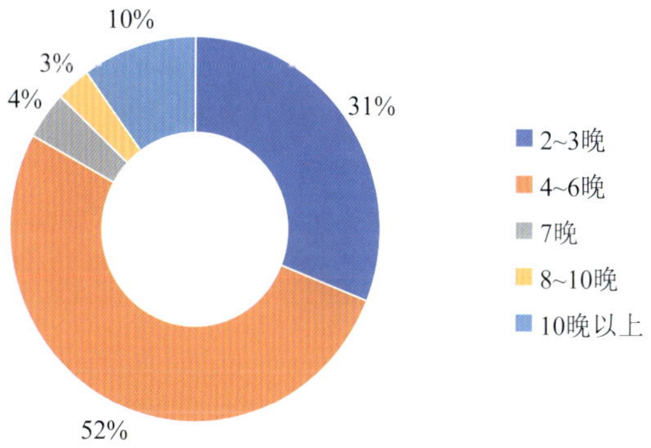

图 B–2　2017 年亚太地区邮轮航线航程分布

资料来源：2017 Asia Cruise Tends。

2017 年邮轮旅游的发展势头持续。2017 年间有 35 个品牌活跃在亚太地区，部署了 66 艘邮轮（其中有 18 艘全年在亚太地区航行），进行 2086 个航程（1992 次巡航和 94 次长航），客运量达到 424 万。2017 年，亚太地区投入巨型邮轮 5 艘，大型邮轮 13 艘，中型邮轮 26 艘，并且有 17 艘小型高档的邮轮在亚太地区进行季节性航行，如表 B–1 和图 B–3 所示。从航程天数来看，短途邮轮仍占主导地位。4~6 夜的巡航将占所有邮轮的最高份额，占 52%；其次是 2~3 夜，占全部的 31%。

表 B–1　2013—2017 年亚太邮轮船舶数量统计（按大小）

年份	探索型	小型	中型	大型	巨型	总数
2013	2	14	19	8	0	43
2014	5	15	21	9	0	50
2015	4	14	22	11	1	52
2016	6	16	21	15	2	60
2017	5	17	26	13	5	66

资料来源：2017 Asia Cruise Tends。

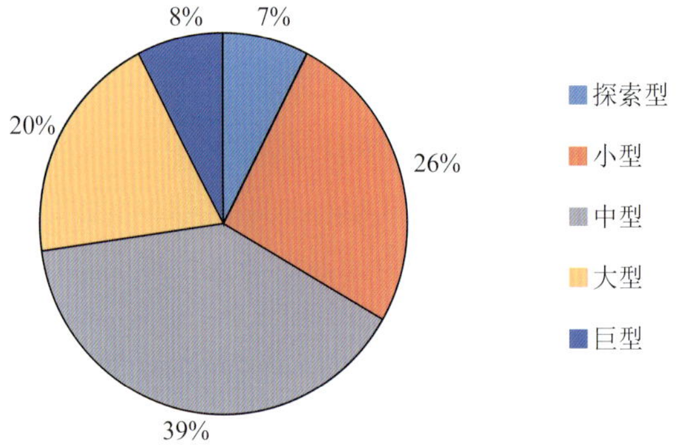

图 B-3　2017 年亚太邮轮船舶数量统计（按大小）

资料来源：2017 Asia Cruise Tends。

从近五年的亚洲邮轮乘客接待量增长情况来看，运客量的增长趋势和邮轮的运营天数增长趋势基本一致。当运力投放量增大，运客量也随之上升。而邮轮公司会根据近几年的市场状况来提前安排之后的运力投放。从图 B-4 中明显可看出，2016 年和 2017 年的投放量大幅增大，运客量也能够随之迅速增长。这说明，当前在亚洲邮轮市场上，需求量主要还是由运力投放量来主导的。

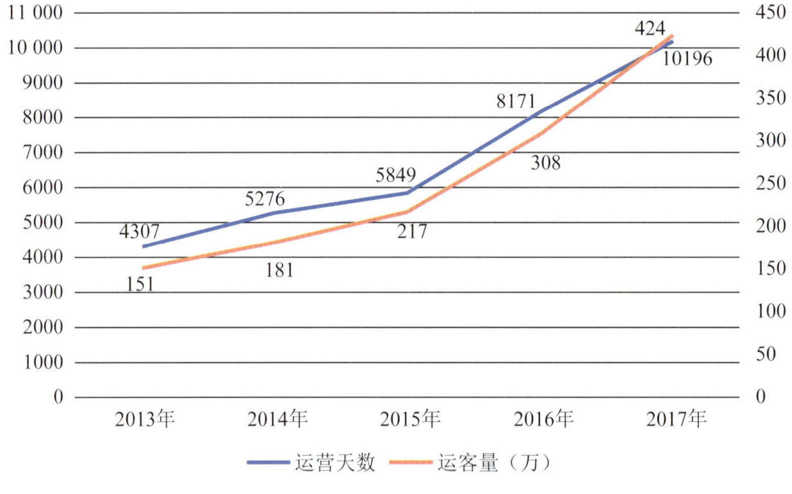

图 B-4　2013—2017 年亚洲邮轮乘客接待量增长情况

资料来源：2017 Asia Cruise Tends。

随着邮轮运力的扩大，亚太地区邮轮旅游的人数也不断扩大。2017 年，亚太地区共进行了 7196 个访问港航次运营，比去年增加 1622 个航次。从这一趋势中受益的目的地有三个：日本比 2016 年多出 852 个航次；中国内地增加 306 个航次，中国香港增加 78 个航次。位于东南亚的泰国有良好的增长，有 218 个访问航次。2017 年，亚太地区共有 294 个不同的目的地接收邮轮。随着更多更大的船只、更多的巡航和多次停靠港口的到来，邮轮旅游给整个旅游产业和目的地地区带来巨大影响。2017 年访问航次最多的国家是日本，其次是中国和韩国，韩国由于 2017 年初的“萨德事件”影响，其访问航次大大降低，如图 B–5 所示。2017 年最大的访问港城市为中国上海，其次是济州岛和新加坡。

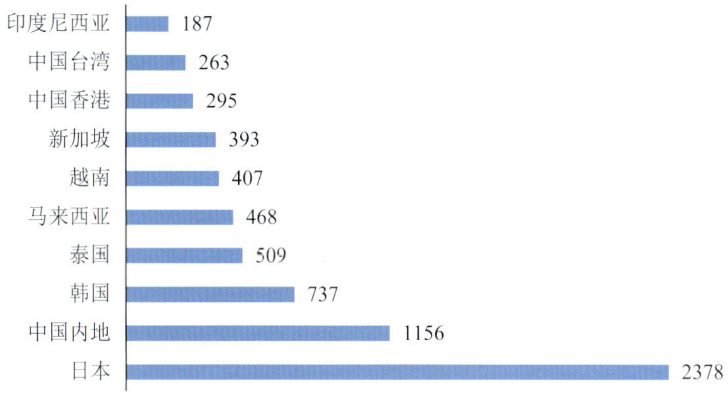

图 B–5　2017 年亚太地区前十访问港航次

资料来源：2017 Asia Cruise Tends。

总体来说，亚太地区邮轮市场的高速发展主要得益于中国邮轮市场发展，中国市场是亚太邮轮旅游市场中成长最快的新兴市场。2017 年亚太地区邮轮市场整体平稳发展，邮轮乘客总数保持上升，航线趋势为 4~6 晚航程，涉亚航程仍占主流。当前在亚洲邮轮市场上，需求量主要由运力投放量来主导。另外，邮轮旅游受政治因素影响，亚太的部分地区市场波动较大。

附录 C

2016—2017 年全球邮轮运力总览及评级情况

“2016—2017 年全球邮轮运力总览及评级情况”参考了 Cruise Lines International Association、Cruise Industry News、各大邮轮集团官网等网站，以及 *Berlitz: Cruising & Cruise Ships* 等资料，收录了 300 余艘邮轮的相关信息。通过综合分析所收录的邮轮信息，从邮轮供给侧的邮轮运力、邮轮分类、邮轮评级等方面反映 2016—2017 年全球邮轮运力及评级情况。

一、邮轮运力

“2016—2017 年全球邮轮运力总览及评级情况”共收集超过 50 家邮轮公司的相关数据，其中嘉年华邮轮、皇家加勒比游轮、诺唯真邮轮三大邮轮集团共占据全球近 60% 市场份额。嘉年华邮轮旗下 9 个品牌共计 103 艘邮轮，皇家加勒比游轮旗下 3 个子品牌 42 艘邮轮以及 3 个合资品牌 11 艘邮轮共计 53 艘邮轮，诺唯真邮轮旗下 3 个品牌 26 艘邮轮。综合分析，皇家加勒比国际（RCL）、嘉年华邮轮（CCL）、公主邮轮（Princess Cruise）、歌诗达邮轮（Costa Cruise）、诺唯真邮轮（NCL）、地中海邮轮（MSC Cruise）、精致邮轮（Celebrity Cruise）等全球前十大邮轮品牌拥有全球超过 55% 的邮轮。全球主要邮轮品牌旗下邮轮所占市场份额概览如图 C-1 所示，全球主要邮轮品牌邮轮运力所占市场份额概览如图 C-2 所示。

二、邮轮类型

目前，全球市场上运营的国际邮轮类型、规模不一，且尚未对邮轮类别进行官方定义和分类，上海海事大学亚洲邮轮学院参考各方对邮轮类别的划分、邮轮相关设计规范和收录邮轮数据统计情况，按邮轮吨位规模将邮轮划分为四大类，即小型邮轮、中型邮轮、大型邮轮和超大型邮轮，各类邮轮对应的吨位规模如下。

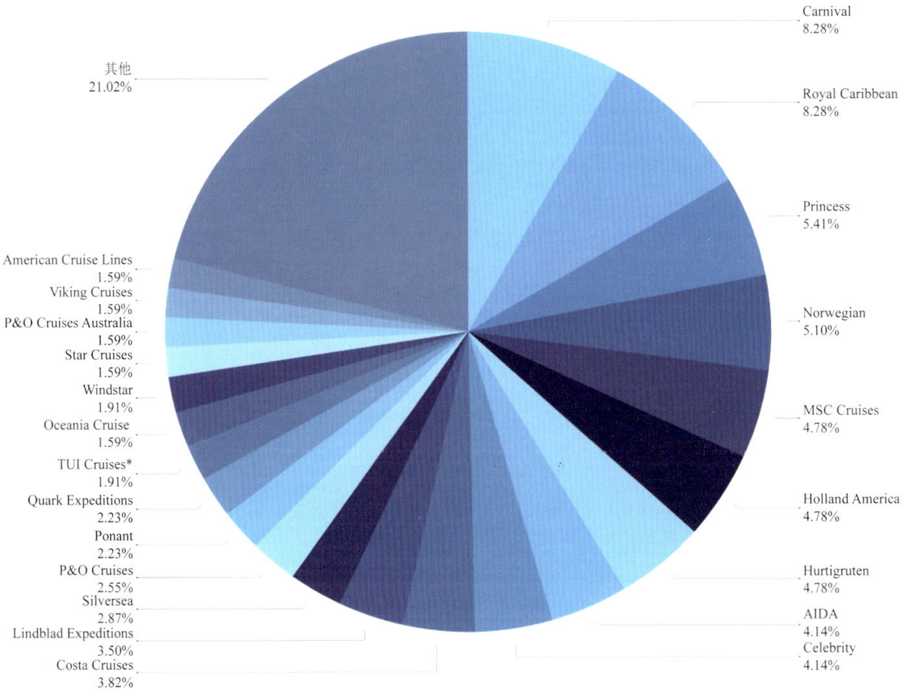

图 C-1　全球主要邮轮品牌旗下邮轮所占市场份额概览

资料来源：亚洲邮轮学院整理，2018。

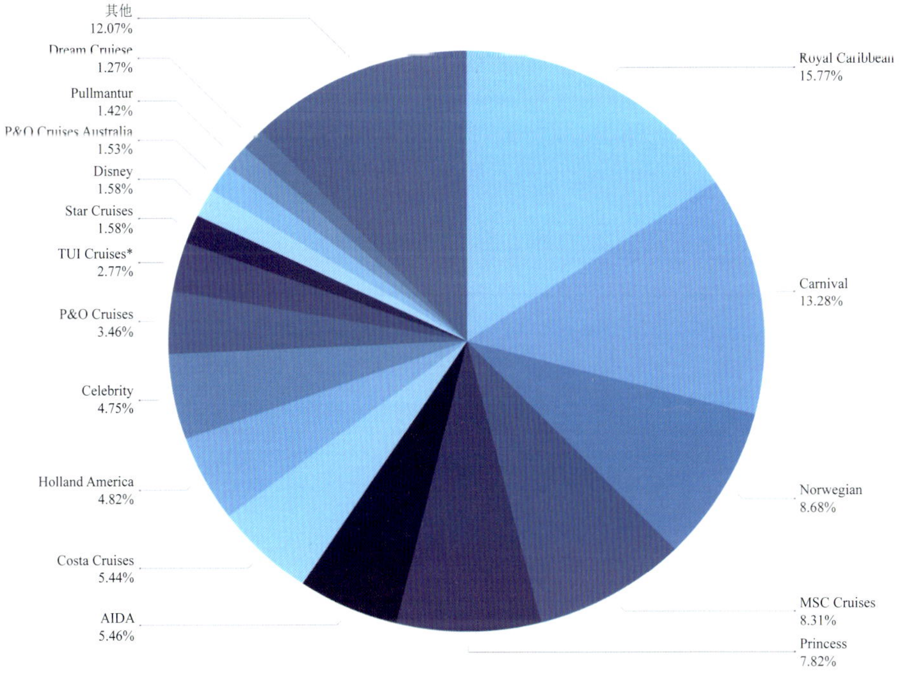

图 C-2　全球主要邮轮品牌邮轮运力所占市场份额概览

资料来源：亚洲邮轮学院整理，2018。

- 小型邮轮：0~29 999GT。
- 中型邮轮：30 000~69 999GT。
- 大型邮轮：70 000~99 999GT。
- 超大型邮轮：100 000GT 及以上。

综合分析 300 余艘邮轮统计数据，其各类别邮轮统计数量如图 C-3 所示，各类邮轮总载客量、平均客位和平均吨位情况如图 C-4 所示。

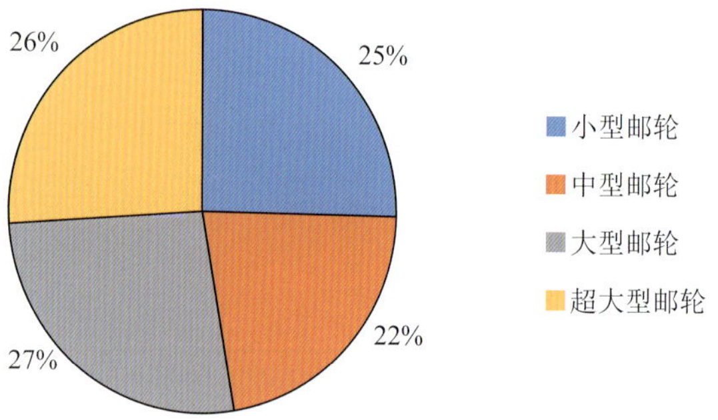

图 C-3　国际邮轮类型统计数据

资料来源：亚洲邮轮学院整理，2018。

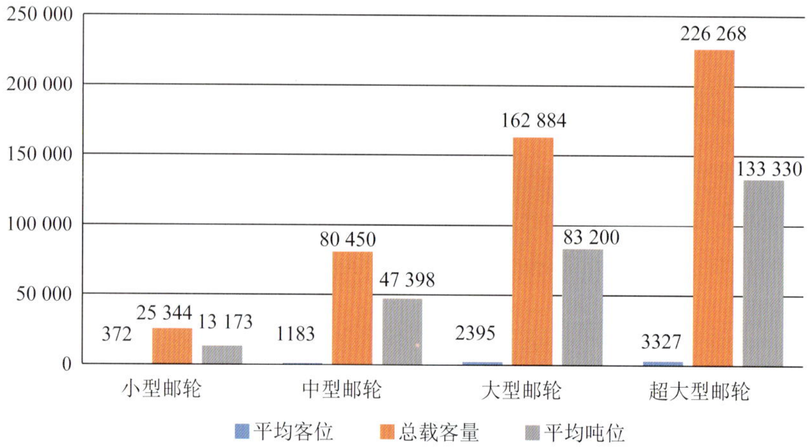

图 C-4　国际邮轮各类型相关指标统计概览

资料来源：亚洲邮轮学院整理，2018。

三、邮轮评级

Berlitz: Cruising & Cruise Ships 依据 6 项指标对邮轮进行星级测评，各项指标具体如下。

1. 船只总评（满分 500 分）

主要考虑整体的参数以及风格，包括船龄、设施设备、清洁卫生、室内外装潢及其他方面。

2. 舱房住宿（满分 200 分）

房间布局合理、家具电器配套、舱房服务及配套小细节及其他方面。

3. 餐厅饮食（满分 400 分）

主要包括用餐场地、食物品质、选择丰富程度三方面。

4. 员工服务（满分 400 分）

包括用餐服务、酒吧服务专业度、舱房服务、公共甲板上的各项服务设施设备及细节准备情况等。

5. 娱乐活动（满分 100 分）

包括船上的娱乐项目多样化、场地及灯光、音响效果、演职人员水平及其他方面。

6. 船上体验（满分 400 分）

包括船上娱乐活动丰富的丰富度、娱乐设施类别多样化、船上影院及房内电视机的声画效果、船上工作人员的热情和专业度、整个行程总体体验其他等方面。

合计满分 2000 分。

依据邮轮测评分数将邮轮分为 **、**+、***、***+、****、****+、*****、*****+ 等星级，经统计的 300 余艘邮轮的星级情况如图 C-5 所示。

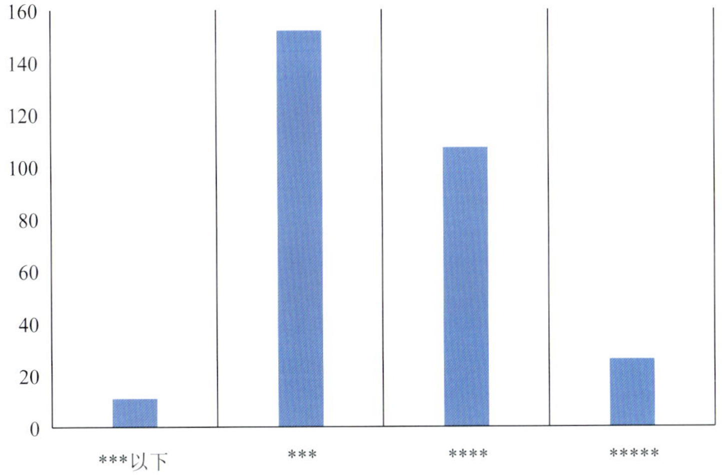

图 C-5 全球邮轮市场各星级邮轮艘数

注：*** 包含 *** 和 ***+ 星级的邮轮，**** 包含 **** 和 ****+ 星级的邮轮，***** 包含 **** 和 *****+ 星级的邮轮。

资料来源：亚洲邮轮学院整理，2018。

四、邮轮建造船厂

目前，全球 90% 以上的邮轮建造订单都在欧洲市场，本报告所收录的 300 余艘邮轮中，60% 由法国的 Chantiers de l' Atlantique、意大利的 Fincantieri、芬兰的 Kvaerner Masa-Yards、德国的 Meyer Werft 等四大船厂建造，各大船厂邮轮建造量的市场份额如图 C-6 所示。

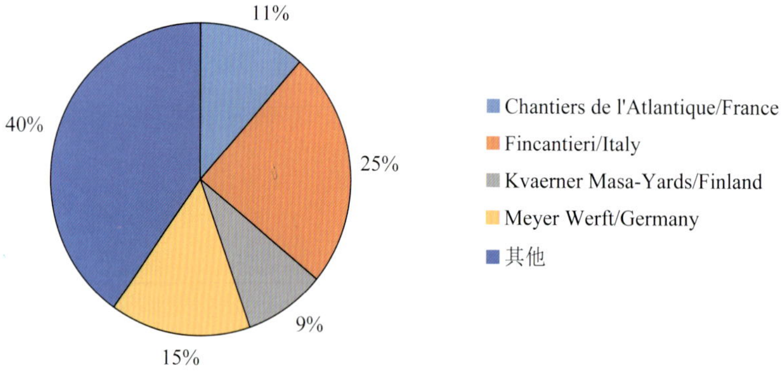

图 C-6　欧洲四大船厂邮轮建造量的市场份额

资料来源：亚洲邮轮学院整理，2018。

附录 D
2017 年中国河轮市场全览

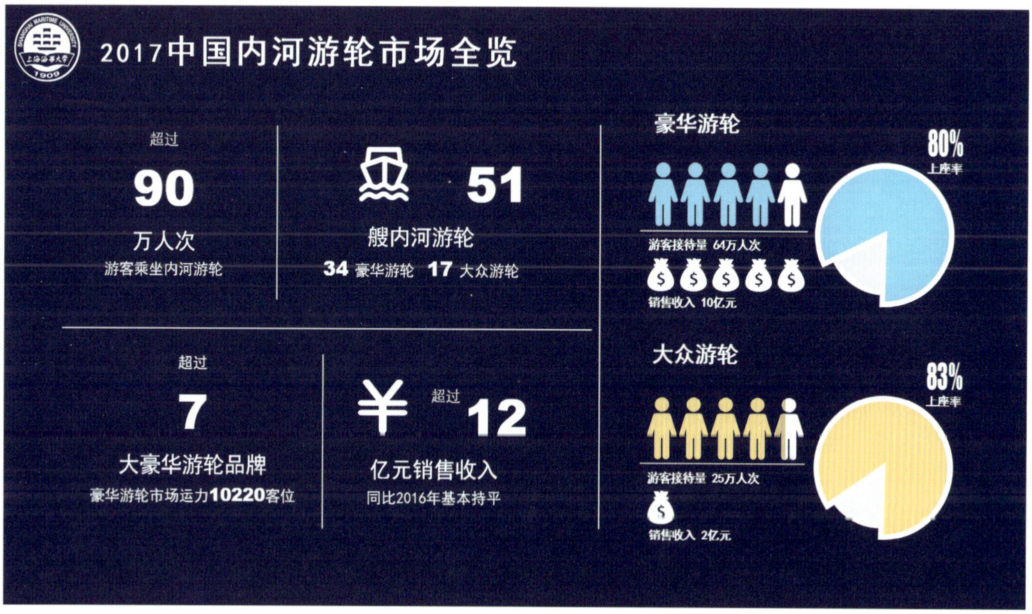

附录 E
2017 年中国邮轮产业大事记

1 月

1 月 1 日，丽星邮轮旗下“处女星”号邮轮展开深圳太子湾邮轮母港首个新年航季。

1 月 12 日，工业和信息化部、发展改革委、财政部、人民银行、银监会、国防科工局印发《船舶工业深化结构调整加快转型升级行动计划（2016 — 2020 年）》，提出适应国内邮轮游艇等高端消费潜力加速释放的趋势，加快实现邮轮自主设计和建造，大力发展中小型游艇和新型游艇设计制造。

1 月 18 日，CCYIA 发起的中国邮轮旅游服务联盟（CTA）召开华北区域会议；3 月 21 日，在上海举办了春季会议；7 月 14 日，召开了夏秋季邮轮市场分析会。

1 月 18 日，在新加坡举行的东盟旅游论坛（ATF）上，东盟各国提出将东盟十国作为一个统一的旅游目的地进行推广，在邮轮等方面进一步合作，合力推进东盟旅游发展。

1 月 24 日，海南省推出《海南省鼓励邮轮旅游产业发展财政奖励实施办法（试行）》，对邮轮旅游产业实施奖励政策。

2 月

2 月 16 日，天津邮轮游艇协会和地中海邮轮公司联合举办地中海邮轮培训会。

2 月 16 日，广州南沙国际邮轮码头综合体项目规划通过批复。

2 月 22 日，在国家主席习近平和意大利总统马塔雷拉见证下，中国船舶工业集团公司与嘉年华邮轮集团、芬坎蒂尼造船集团签署我国首艘国产大型邮轮建造备忘录协议。

2 月 24 日，国内首条“环中国海”邮轮航线在天津国际邮轮母港开通，地中海邮轮“抒情号”围绕“天津—釜山—长崎—舟山—香港—厦门—那霸—济州—天津—釜山—下关—舟山—那霸—香港—厦门—鹿儿岛—天津”进行为期 16 天 15 晚的循环航行，覆盖渤海、黄海、东海、南海四大海域。

2 月 28 日，歌诗达邮轮公司在天津国际邮轮母港举行“幸运号”邮轮首航仪式。歌诗达“幸运号”邮轮首次以天津作为母港展开全年航季运营。

2 月 28 日，天津出入境边检总站在天津国际邮轮母港正式开通启用 9 条自助查验通道，出入境旅客可以只需“刷刷证件，看看镜头，按按指纹”，几秒钟就能完成自助通关。

3 月

3 月 2 日，广东省人民政府印发《实施粤港合作框架协议 2017 年重点工作》，提出加强海外联合推广，深化邮轮旅游合作。

3 月 5 日，银海邮轮“银影号”从深圳太子湾邮轮母港开启国内首个高端邮轮母港航线。“银影号”是首艘以中国为母港出发的六星级奢华邮轮，开启了国内首个高端邮轮母港航线。

3 月 15 日，国务院印发《中国（浙江）自由贸易试验区总体方案》，将推动与旅游相关的邮轮、游艇等旅游运输工具出行的便利化列为主要工作任务。

3 月 15 日起，在中国运营的各大国际邮轮公司东北亚航线纷纷停止挂靠韩国港口，抗议韩国部署萨德。据 CCYIA 不完全统计，至 2017 年年底，取消了超过 300 个邮轮航次。

3 月 19 日，香港启德邮轮码头首次实现巨船汇聚、乘客满园的“四船日”。

3 月 30 日，上海国际邮轮旅游服务中心有限公司、上海铁路国际旅游（集团）有限公司合作开通了“高铁邮轮直通车”，为由铁路、飞机进出邮轮港的游客提供标准化的全流程无缝隙服务。

4 月

4 月 19 日，“邮轮便捷通关条形码”在吴淞口国际邮轮港启动试运行。

4 月 27 日，招商局工业集团与美国探险邮轮船东 Sun Stone 签订“4+6”艘极地探险邮轮建造合同。

5 月

5 月 4 日，国家发展改革委、国家海洋局印发《全国海洋经济发展“十三五”规划》，提出优化海洋经济发展布局，培育邮轮旅游发展。

5 月 10 日，歌诗达邮轮公司与天津东疆保税港区签署合作备忘录，歌诗达邮轮公司将作为天津自贸区邮轮配送试点单位，同天津东疆保税港区共同合作开展进口集装箱物资邮轮配送试单，不断加快在天津东疆保税港区打造亚洲首个邮轮物资分拨配送基地。

5 月 12 日，2017 广州邮轮发展圆桌会议举行，这是 CCYIA 第二次在广州主办邮轮圆桌会，由广州市人民政府支持，广州市商务委员会、南沙开发区管委会、北京中交四海邮轮游艇发展中心承办，广州市旅游局、广州港务局、广州市口岸办、广州港集团协办。

5 月 13 日，广东省人民政府印发《实施珠三角规划纲要 2017 年重点工作任务》，提出广州南沙重点加快邮轮母港建设。

5 月 23 日，交通运输部印发《深入推进水运供给侧结构性改革行动方案（2017—2020 年）》，提出加快邮轮游艇运输发展。

5 月 31 日，在上海举行的“一带一路”与邮轮经济发展专题座谈会上，中国船舶工业集团公司与意大利芬坎蒂尼集团、上海市宝山区正式签署发展邮轮配套产业合作意向书。

5 月 31 日，广东省人民政府发布关于加快发展健身休闲产业的实施意见，提出依托海岸资源，培育邮轮、游艇等旅游新业态。

6 月

6 月 2 日，国家旅游局、中央海权办、交通运输部、国家发展和改革委员会规划司等部门联合调研组到三亚凤凰岛国际邮轮港进行集中调研。

6 月 7 日，国务院总理李克强在人民大会堂会见了“全球首席执行官委员会”第五届圆桌峰会的知名跨国企业负责人。嘉年华邮轮集团总裁兼首席执行官阿诺德·唐纳德代表邮轮界参加了“全球首席执行官委员会”。

6 月 27 日，香港启德邮轮码头喜迎第 100 万位乘客。

6 月 28 日，专为中国市场量身打造的诺唯真“喜悦号”号邮轮在沪首航，之前，在深圳、天津、青岛等地预热巡航。

6 月 30 日，皇家加勒比游轮“海洋航行者号”与星梦邮轮“云顶梦号”，同时停靠深圳太子湾邮轮母港，当天进出港邮轮旅客数量首次突破 1 万人次，邮轮旅客行李处理件数创新高。

6 月，青岛邮轮母港采用“进口集装箱邮轮物资船供直通车”运营模式，厦门国际邮轮母港采用“进口直供”“保税供船”的创新监管模式。

7 月

7 月 1 日，青岛国际邮轮港、青岛港总部楼开工奠基，邮轮港城建设启动。

7 月 6 日，丽星邮轮“处女星号”将日本东京、大阪及京都在内的 6 天 5 晚热门航线新增了富士山等知名景点，推出全新升级的 8 天 7 晚黄金航线，并运营至 11 月 23 日。

7 月 11 日，“盛世公主号”在上海吴淞口国际邮轮港盛大首航，命名大使为姚明及夫人叶莉。这是又一艘专为中国市场量身打造的最新、最现代、最奢华的邮轮，为公主邮轮船队的帝王级邮轮。

7 月 17 日，交通运输部办公厅、天津市人民政府办公厅、河北省人民政府办公厅印发《加快推进津冀港口协同发展工作方案（2017—2020 年）》，提出支持天津国际邮轮港发展，促进天津邮轮港与区域内机场、铁路、公路客运枢纽和城市公共交通网络的有效衔接。

7 月 18 日，《交通运输部 国家旅游局 国家铁路局 中国民用航空局 中国铁路总公司 国家开发银行 关于促进交通运输与旅游融合发展的若干意见》发布，意见指出要加强邮轮港口与城市旅游体系的衔接，引导有条件城市建设邮轮旅游集散枢纽；优化沿海邮轮港口布局，逐步形成分布合理的邮轮港口体系。

7 月 20 日，福州获批成为继上海、天津、深圳、青岛之后的第 5 个“中国邮轮旅游发展实验区”。

7 月 28 日，交通运输部印发《港口岸电布局方案》，提出着力推进已建集装箱、客滚、邮轮、大型客运和干散货 5 类专业化泊位的岸电设施改造。

8 月

8 月 7 日，经国家旅游局批复，大连市设立“中国邮轮旅游发展实验区”。

8 月 8 日，歌诗达邮轮联手微信，发布首款针对邮轮场景的微信小程序，便于游客通过微信直接订购邮轮航线产品。

8 月 29 日，时任中共中央政治局委员、上海市委书记韩正带领各区党政负责同志和市有关委办局负责同志，深入上海吴淞口国际邮轮港一线调研。

9 月

9 月 4 日，海关总署署长于广州等一行到上海吴淞口国际邮轮港调研。

9 月 11 日，星梦邮轮旗下全新旗舰环球级邮轮的龙骨铺设仪式在德国罗斯托克船厂举行，上海受邀嘉宾共同见证这一历史时刻。

9 月 22 日，国客中心主办的 2017 上海邮轮游艇旅游节在国客中心邮轮码头开幕。

9 月 22 日，由中国交通运输协会邮轮游艇分会 CCYIA、上海海事大学亚洲邮轮学院、中国港口协会邮轮游艇码头分会联合出品的《2016—2017 中国邮轮发展报告》发布，这是第九版中国邮轮白皮书。创新内河游轮产品同期发布。

9 月 23 日，天津东疆保税港区“亚太邮轮配送基地”第一单货物成功离岸。

9 月 23 日，以“邮轮时代 · 海上丝路”为主题的 2017 上海邮轮旅游节开幕式在宝山举行。

9 月 25 日，《三亚市鼓励邮轮旅游产业发展财政奖励实施办法》获审议通过。

10 月

10 月 1 日，深圳蛇口太子湾邮轮母港正式实行船票实名制，购票有效证件类型仅包括：身份证、护照、内地居民往来港澳通行证、港澳居民往来内地通行证、台湾居民往来大陆通行证。

11 月

11 月 1—3 日，Seatrade 亚太邮轮大会在上海宝山举办，由上海吴淞口国际邮轮港发展有限公司、Seatrade UBM 和上海国际邮轮经济研究中心联合主办。

11 月 5—7 日，第十二届中国邮轮产业发展大会暨国际邮轮博览会（CCS12）在海南三亚举办，大会由海南省人民政府和中国交通运输协会共同主办，中国交通运输协会邮轮游艇分会（CCYIA）、海南省旅游发展委员会、三亚市人民政府联合承办，国家旅游局、交通运输部、公安部、海关总署、国家质检总局等 5 个中央部委和 5 家国际邮轮集团、6 家大型央企、10 家邮轮港口的高管出席大会。

11 月 5 日，中国交通运输协会邮轮游艇分会（CCYIA）在第十二届中国邮轮产业发展大会暨国际邮轮博览会上发起海洋公益行动，倡导邮轮旅客、邮轮船员“不向海洋扔塑料袋”，保护蓝色家园。

11 月 17 日，云顶邮轮集团旗下星梦邮轮“世界梦号”在香港举行盛大命名仪式，亦为香港有史以来举行该项仪式的第一次，香港行政长官莅临参加典礼。“世界梦号”11 月 19 日从广州首航。

11 月 20 日，上海吴淞口国际邮轮港 1 号泊位顺利完成“盛世公主号”邮轮的岸电调试工作，“盛世公主号”成为继天海邮轮之后配置岸电系统的又一批受益者。

11 月 29 日，国家发展改革委印发《增强制造业核心竞争力三年行动计划（2018—2020 年）》，提出加强邮轮研制国际合作，逐步掌握设计和总包建造等技术，提升工程组织、供应链管理等能力。

11 月，上海吴淞口国际邮轮港发展有限公司顺利通过挪威船级社的认证，取得了质量管理体系（QMS）、环境管理体系（EMS）、职业健康安全管理体系（OHSAS）认证证书。

12 月

12 月 1 日，中国交通运输部副部长何建中一行访问了嘉年华集团位于荷兰阿姆斯特丹附近阿尔梅勒的阿里森海事中心（Arison Maritime Center），听取介绍并观看了驾驶舱模拟器船舶靠港演示以及引擎操控室应急场景演示。

12 月 1 日，海南省人民政府印发《海南省旅游发展总体规划（2017—2030）》，提出拓展海洋、海岛旅游发展空间，积极发展邮轮旅游。

12 月 5 日，针对个别游客出现的不文明现象，京津冀三地旅游质监部门共同发布邮轮旅游提示。

12 月 7 日，皇家加勒比国际游轮发布《关于皇家加勒比国际游轮公司《试点在线值船、凭船票（登船证）进港登船”的通知》，宣布从 12 月 15 日开始，“海洋量子号”所有游客将采取这一新模式。

12 月 9 日，温州国际邮轮港开港，地中海“抒情号”邮轮在温州港首航。

12 月 28 日，天津国际邮轮母港等六口岸对奥地利、俄罗斯、美国、澳大利亚、韩国等 53 个国家持有效国际旅行证件和 144 小时内确定日期、座位前往第三国（地区）联程客票的外国人，实行过境免签政策。

12 月 26 日，山东省政府新闻办召开新闻发布会，推出《服务邮轮和海上旅游休闲产业八项举措》。

12 月 26 日，威海市正式发布《发展国际邮轮旅游产业财政奖励意见》。

12 月 29 日，上海吴淞口国际邮轮港启用“通关贴”系统，所有国内旅行社预订的游客凭船票和通关贴进入客运大厅。

12 月 31 日，2017 年上海吴淞口国际邮轮港接待邮轮 466 艘次，接待邮轮出入境游客量 291.5 万人次，虽然增长率有所下降，仍位居亚洲第一、全球第四大邮轮母港。

12 月 31 日，2017 年天津国际邮轮母港接待邮轮 175 艘次，同比增长 23.2%，进出境游客 94.2 万人次，同比增长 32%，居全国第二位。

12 月 31 日，我国 11 个邮轮港（包括天津、大连、青岛、上海、舟山、温州、厦门、广州、深圳、海口、三亚）共接待邮轮 1103 艘次（同比增长 9.21%），邮轮旅客出入境 4 954 945 人次（同比增长 8%）；共接待母港邮轮 1024 艘次（同比增长 10.46%），访问港邮轮 79 艘次（同比下降 4.82%）；以中国游客为主的母港艘次出入境 4 780 682 人次（同比增长 11%），以境外为主的访问港艘次出入境 174 263 人次（同比下降 37%）。CCYIA 认为：10 余年来邮轮发展增速首次出现放缓现象很正常，进入一个短暂的调整期是必要和有益的。